W0466330

Apéritifs et dips

hachette
PRATIQUE

Sommaire

POUR 6 PERSONNES
PRÉPARATION : 15 MIN
CUISSON : 5 MIN
DIFFICULTÉ : FACILE
COÛT : RAISONNABLE

Cigarettes croustillantes fromage frais et herbes

- *200 g de fromage de chèvre frais*
- *4 feuilles de brick*
- *1 bouquet de cerfeuil*
- *½ botte de ciboulette*
- *2 branches d'estragon*
- *4 cuil. à soupe d'huile d'olive*
- *Poivre*

Matériel
- *Poche à douille lisse*
- *Papier sulfurisé*
- *Pinceau*

■ Écrasez le fromage de chèvre frais dans un bol avec une fourchette. Hachez toutes les herbes, mélangez-les soigneusement avec le fromage, la moitié de l'huile d'olive et du poivre.

■ Coupez les feuilles de brick en rectangles d'environ 12 × 6 cm. À l'aide d'une poche munie d'une douille lisse de petit diamètre, répartissez la préparation au fromage sur les rectangles de feuilles de brick. Roulez-les comme des nems mais plus fin, en serrant bien.

■ Préchauffez le four à 210 °C (th. 7). Rangez les cigarettes sur une plaque de four recouverte d'une feuille de papier sulfurisé. Badigeonnez-les d'huile d'olive avec un pinceau et mettez-les à dorer 4 à 5 min au four. Servez.

CONSEIL

Servez les cigarettes avec un chutney de mangues ou une confiture de cerises noires.

POUR 6 PERSONNES
PRÉPARATION : 30 MIN
CUISSON : 20 MIN
DIFFICULTÉ : MOYEN
COÛT : UN PEU CHER

Croustillants de boudin noir aux noix

- *3 boudins noirs*
- *6 feuilles de brick*
- *1 oignon*
- *80 g de cerneaux de noix*
- *20 g de beurre*
- *2 cuil. à soupe d'huile d'olive*
- *Sel, poivre*

Matériel

- *Papier sulfurisé*
- *Pinceau*

Faites chauffer le beurre dans une poêle et faites-y fondre l'oignon préalablement haché. Retirez la peau des boudins, mettez l'intérieur dans la poêle avec les oignons fondus. Écrasez-les délicatement avec une fourchette, assaisonnez et laissez cuire à feu moyen pendant 5 à 6 min. Ajoutez les cerneaux de noix grossièrement hachés, mélangez, puis laissez refroidir.

Préchauffez le four à 200 °C (th. 6-7). Coupez chaque feuille de brick en deux. Répartissez la préparation sur un côté de chaque morceau de feuille de brick, puis roulez-les délicatement comme des nems. Rangez-les sur une plaque de four recouverte de papier sulfurisé. Badigeonnez-les d'huile d'olive avec un pinceau et enfournez pour 8 à 10 min.

Sortez les croustillants du four. À l'aide d'un couteau à dents, coupez-les délicatement en morceaux de 3 à 4 cm. Servez aussitôt.

VARIANTE

Vous pouvez remplacer les cerneaux de noix par des petits cubes de pomme ou de poire, que vous aurez fait fondre 6 à 8 min dans une poêle, dans du beurre et un peu de sucre.

POUR 6 PERSONNES
PRÉPARATION : 20 MIN
CUISSON : 10 MIN
DIFFICULTÉ : FACILE
COÛT : RAISONNABLE

Croustillants de jambonneau au vinaigre balsamique

- *1 jambonneau d'environ 400 g*
- *1 gros œuf*
- *30 g de beurre*
- *4 cuil. à soupe de chapelure*
- *2 cuil. à soupe de farine*
- *4 cuil. à soupe d'huile de tournesol*
- *10 cl de vinaigre balsamique*

■ Versez le vinaigre dans une casserole et faites-le réduire de moitié pour qu'il épaississe, laissez-le refroidir.

■ Coupez le jambonneau en cubes de 1,5 cm de côté. Passez-les successivement dans la farine, l'œuf battu, puis la chapelure pour les paner.

■ Faites chauffer l'huile et le beurre dans une poêle. Quand le beurre crépite, mettez les cubes de jambonneau panés à dorer sur toutes les faces pendant 5 à 6 min. Égouttez-les sur du papier absorbant, servez-les aussitôt, accompagnés du vinaigre réduit.

VARIANTE

Vous pouvez utiliser du jambon blanc ; dans ce cas, demandez au charcutier de couper des tranches de 1,5 cm d'épaisseur.

POUR 6 PERSONNES
PRÉPARATION : 15 MIN
TREMPAGE : 2 H
CUISSON : 5 MIN
DIFFICULTÉ : TRÈS FACILE
COÛT : RAISONNABLE

Chips de légumes, sauce au curry

- *6 pommes de terre vitelotte (violettes)*
- *3 carottes*
- *150 g de céleri-rave*
- *200 g de betterave crue*
- *200 g de fromage frais*
- *1 botte de ciboulette*
- *2 échalotes*
- *1 cuil. à soupe de curry*
- *Huile pour friture*
- *Sel, poivre*

■ Épluchez et taillez tous les légumes en lanières fines à l'aide d'un épluche-légumes. Rincez-les sous l'eau chaude, puis mettez-les 2 h dans de l'eau glacée.

■ Mélangez le fromage frais avec les échalotes et la ciboulette hachées, le curry, du sel et du poivre. Gardez au frais.

■ Égouttez les légumes, essuyez-les avec un torchon. Faites-les frire quelques minutes dans de l'huile bouillante. Égouttez-les sur un papier absorbant, salez-les. Servez avec la sauce au curry.

POUR 6 PERSONNES
PRÉPARATION : 10 MIN
REPOS : 2 H
CUISSON : 10 MIN
DIFFICULTÉ : TRÈS FACILE
COÛT : RAISONNABLE

Sablés au gorgonzola

- *150 g de farine*
- *100 g de gorgonzola*
- *110 g de beurre demi-sel mou*
- *1 jaune d'œuf*
- *2 cuil. à soupe d'huile d'olive*

Matériel
- *Film alimentaire*
- *Papier sulfurisé*

■ Taillez le beurre mou et le gorgonzola en petits morceaux dans un récipient. Ajoutez la farine, le jaune d'œuf et l'huile d'olive. Travaillez l'ensemble pour obtenir une pâte sableuse.

■ Formez un boudin de 3 à 4 cm de diamètre avec la pâte, enveloppez-la dans un film alimentaire, puis laissez-la reposer 2 h au frais.

■ Préchauffez le four à 200 °C (th. 6-7). Retirez le film, coupez des tranches de 5 mm d'épaisseur dans le boudin de pâte, posez-les sur une plaque de four recouverte d'une feuille de papier sulfurisé. Faites cuire 10 min au four.

POUR 6 PERSONNES
PRÉPARATION : 15 MIN
CUISSON : 2 MIN
DIFFICULTÉ : FACILE
COÛT : RAISONNABLE

Cornets à la crème d'avocat

- *2 avocats*
- *3 feuilles de brick*
- *½ petit piment*
- *Le jus de 1 citron vert*
- *½ cuil. à café de gingembre frais râpé*
- *Sel*

Matériel

- *18 piques en bois*
- *Robot mixeur*

Épluchez les avocats, coupez-les en morceaux. Mettez-les dans la cuve d'un robot avec le jus de citron, le piment épépiné, le gingembre et du sel. Actionnez le robot pendant 1 à 2 min pour obtenir une crème onctueuse.

Préchauffez le four à 230 °C (th. 7-8). Taillez 6 triangles dans chaque feuille de brick. Roulez-les en forme de cône, faites-les tenir avec une pique en bois. Rangez les cornets sur une plaque, faites-les dorer 2 min au four.

Retirez délicatement les piques, garnissez les cônes avec la crème d'avocat à l'aide d'une poche à douille ou d'une cuillère.

POUR 6 PERSONNES
PRÉPARATION : 30 MIN
CUISSON : 12 MIN
DIFFICULTÉ : DIFFICILE
COÛT : RAISONNABLE

Feuilles de pommes de terre roulées au chorizo

- *200 g de pommes de terre*
- *150 g de chorizo*
- *1 cuil. à soupe de piment d'Espelette ou de paprika*
- *3 cuil. à soupe d'huile d'olive*

Matériel

- *Piques en bois*
- *Mandoline ou râpe*
- *Papier sulfurisé*

■ Épluchez les pommes de terre. À l'aide d'une mandoline ou d'une râpe, taillez des tranches très fines dans les pommes de terre, rincez-les sous l'eau chaude, essuyez-les délicatement dans un torchon propre ou sur du papier absorbant.

■ Coupez le chorizo en tranches très fines également. Déposez chaque tranche de chorizo sur une tranche de pomme de terre, roulez-les délicatement, faites-les tenir avec une pique en bois. Recommencez jusqu'à épuisement des ingrédients.

■ Préchauffez le four à 200 °C (th. 6-7). Déposez les rouleaux sur une plaque de four recouverte d'une feuille de papier sulfurisé. Badigeonnez-les d'huile d'olive, saupoudrez-les de piment d'Espelette. Mettez au four pendant 10 à 12 min. Servez aussitôt.

VARIANTE

Vous pouvez remplacer le chorizo par du jambon cru ou encore des lanières de courgette ou de carotte.

POUR 6 PERSONNES
PRÉPARATION : 25 MIN
CUISSON : 15 MIN
DIFFICULTÉ : MOYEN
COÛT : RAISONNABLE

Palmitos au parmesan et aux olives

- *200 g de pâte feuilletée surgelée en bloc*
- *80 g de parmesan râpé*
- *50 g d'olives noires dénoyautées*
- *1 jaune d'œuf*
- *3 cuil. à soupe de lait*
- *3 cuil. à soupe d'huile d'olive*

Matériel

- *Papier sulfurisé*
- *Pinceau*

Étalez le bloc de pâte feuilletée décongelée en un grand rectangle d'environ 1 mm d'épaisseur. Mélangez le jaune d'œuf et le lait dans un verre. Badigeonnez la pâte feuilletée de ce mélange avec un pinceau.

Parsemez ensuite toute la surface de la pâte avec le parmesan râpé et les olives noires finement hachées. Roulez les deux côtés les plus larges de la pâte vers l'intérieur pour qu'elle forme quatre épaisseurs et ait la forme d'un long boudin. Détaillez-la délicatement en tranches de 3 à 4 mm d'épaisseur.

Préchauffez le four à 200 °C (th. 6-7). Déposez les palmitos sur une plaque de four recouverte d'une feuille de papier sulfurisé. Badigeonnez-les au jaune d'œuf allongé de lait et d'huile d'olive avec un pinceau. Enfournez pour 12 à 15 min. Servez tiède.

CONSEIL

Pour éviter que les palmitos ne gonflent trop à la cuisson, une fois coupés, aplatissez-les légèrement avec le rouleau à pâtisserie. Ils seront plus larges et la pâte lèvera un peu moins.

POUR 6 PERSONNES
PRÉPARATION : 10 MIN
CUISSON : 8 MIN
DIFFICULTÉ : TRÈS FACILE
COÛT : RAISONNABLE

Tomates d'amour au pavot

- *24 tomates cerise*
- *150 g de sucre*
- *3 cuil. à soupe de graines de pavot*

Matériel

- *24 piques en bois*
- *Papier sulfurisé*

Dans une casserole, faites cuire le sucre avec 5 cl d'eau pour obtenir un caramel légèrement doré. Retirez du feu et plongez le fond de la casserole dans de l'eau froide pour arrêter la cuisson du caramel. Ajoutez le pavot dans le caramel, mélangez en tournant régulièrement la casserole.

Plantez une pique en bois dans chaque tomate, puis plongez-les délicatement dans le caramel pour les en enrober.

Rangez les tomates d'amour debout sur une plaque recouverte d'une feuille de papier sulfurisé. Laissez refroidir avant de déguster.

POUR 6 PERSONNES
PRÉPARATION : 15 MIN
CUISSON : 6 MIN
DIFFICULTÉ : FACILE
COÛT : UN PEU CHER

Palets d'andouillette croustillants

- *2 andouillettes*
- *1 œuf*
- *30 g de beurre*
- *2 cuil. à soupe de farine*
- *5 cuil. à soupe de chapelure fine*
- *1 cuil. à soupe de moutarde*
- *4 cuil. à soupe d'huile de tournesol*
- *Sel, poivre*

Matériel

- *Pinceau*

Détaillez les andouillettes en tranches de 1 cm d'épaisseur. Salez et poivrez. Délayez la moutarde avec 2 cuil. à soupe d'eau dans un bol. À l'aide d'un pinceau, badigeonnez de moutarde les tranches d'andouillette.

Battez l'œuf avec une fourchette dans une assiette creuse. Panez les tranches d'andouillette en les passant successivement dans la farine, dans l'œuf battu, et enfin dans la chapelure.

Faites chauffer le beurre et l'huile dans une poêle et faites dorer les palets d'andouillette panés 2 à 3 min de chaque côté. Servez aussitôt pour garder le croustillant des palets, sinon passez-les quelques minutes au four avant de servir.

VARIANTE

Vous pouvez aussi faire cette recette avec des tranches d'andouille ; dans ce cas, coupez des tranches de 3 à 4 mm d'épaisseur.

POUR 6 PERSONNES
PRÉPARATION : 20 MIN
CUISSON : 30 MIN
RÉFRIGÉRATION : 6 H
DIFFICULTÉ : MOYEN
COÛT : CHER

Cheesecakes aux crackers, saumon fumé et fromage frais

- *100 g de crackers apéritifs*
- *2 grandes tranches de saumon fumé*
- *200 g de fromage de chèvre frais*
- *100 g de ricotta*
- *5 cl de crème liquide*
- *100 g de beurre fondu*
- *2 œufs*
- *1 botte de ciboulette*
- *Le jus de 1 citron*
- *1 cuil. à café de graines de carvi*
- *Sel, poivre*

Matériel

- *Papier sulfurisé*
- *Moule rectangulaire ou carré*

■ Écrasez les crackers dans un récipient. Ajoutez le beurre fondu, mélangez, puis étalez le mélange dans le fond d'un moule rectangulaire ou carré de 15 × 15 cm, préalablement tapissé d'une feuille de papier sulfurisé.

■ Préchauffez le four à 160 °C (th. 5-6). Mélangez les deux fromages et la crème dans un récipient. Ajoutez-y les œufs, la ciboulette hachée, le jus de citron, le carvi, du sel et du poivre. Versez la préparation sur les crackers dans le moule. Mettez au four pendant 30 min.

■ Sortez le cheesecake du four, laissez-le refroidir, puis placez-le au frais pendant au moins 6 h. Au moment de servir, découpez délicatement des petits carrés de cheesecake, déposez un morceau de saumon fumé sur chacun d'eux et dégustez.

CONSEILS

Il est préférable de faire le cheesecake la veille pour qu'il se tienne bien. Vous pouvez également incorporer le saumon en morceaux dans la préparation avant de faire cuire le cheesecake, dans ce cas, ne la salez pas.

POUR 6 PERSONNES
PRÉPARATION : 30 MIN
CUISSON : 5 MIN
DIFFICULTÉ : MOYEN
COÛT : UN PEU CHER

Enveloppes de filo craquantes à la parmesane

- *6 tranches de jambon de Parme*
- *9 feuilles de pâte à filo*
- *80 g de parmesan à la coupe*
- *18 feuilles de basilic frais*
- *18 olives noires*
- *6 cuil. à soupe d'huile d'olive*

Matériel

- *Papier sulfurisé*
- *Pinceau*

Taillez les olives noires en rondelles, coupez chaque tranche de jambon de Parme en trois, taillez le parmesan en copeaux et les feuilles de pâte à filo en deux.

Étalez les demi-feuilles de pâte à filo sur une table. Déposez sur le bord de chacune un morceau de jambon, une feuille de basilic, des rondelles d'olive et des copeaux de parmesan.

Préchauffez le four à 200 °C (th. 6-7). Pliez chaque demi-feuille de la forme d'une enveloppe très fine, en fermant bien. Déposez les enveloppes sur une plaque de four recouverte d'une feuille de papier sulfurisé. Badigeonnez-les d'huile d'olive avec un pinceau. Faites-les dorer au four pendant 3 à 5 min. Servez aussitôt.

CONSEIL

Utilisez du jambon et du parmesan bien secs.

VARIANTE

Vous pouvez remplacer le basilic frais par quelques gouttes de pistou.

POUR 6 PERSONNES
PRÉPARATION : 25 MIN
CUISSON : 15 MIN
RÉFRIGÉRATION : 2 H
DIFFICULTÉ : FACILE
COÛT : CHER

Coquetiers au saumon

- *200 g de saumon frais*
- *50 g de saumon fumé*
- *2 œufs*
- *1 botte de ciboulette*
- *2 échalotes*
- *2 cuil. à soupe de mayonnaise*
- *1 cuil. à café de Tabasco*
- *2 cuil. à soupe d'huile d'olive*
- *Sel, poivre*

■ Mettez les œufs à durcir 10 min dans de l'eau bouillante salée, rafraîchissez-les, puis écalez-les. Allumez le four en position gril.

■ Coupez le saumon frais en morceaux, mettez-le dans un plat à four et arrosez-le d'huile d'olive. Salez et poivrez. Mettez-le à cuire 5 min sous le gril du four. Laissez-le refroidir, puis émiettez-le dans un récipient.

■ Ajoutez dans le récipient le saumon fumé taillé en petits morceaux, les échalotes et la ciboulette hachées, les œufs durs écrasés, la mayonnaise, le Tabasco, du sel et du poivre. Mélangez délicatement, puis garnissez des coquilles d'œufs vides ou des coquetiers avec la préparation.

■ Gardez au frais au moins 2 h avant de déguster avec des mouillettes de pain grillées.

VARIANTE

Vous pouvez remplacer le saumon par un poisson blanc, type merlan ou cabillaud.

POUR 6 PERSONNES
PRÉPARATION : 15 MIN
CUISSON : 5 MIN
DIFFICULTÉ : TRÈS FACILE
COÛT : UN PEU CHER

Bouchées de serrano au chèvre et pesto

- *9 tranches de jambon Serrano*
- *4 crottins de chèvre*
- *1 poignée de roquette*
- *2 cuil. à soupe de pesto en bocal*
- *1 cuil. à soupe de miel liquide*
- *Sel, poivre*

Matériel

- *Papier sulfurisé*

Hachez la roquette. Écrasez les crottins de chèvre avec une fourchette. Ajoutez la roquette, le pistou, du poivre et un peu de sel.

Coupez chaque tranche de serrano en deux. Déposez un peu de fromage à l'extrémité de chaque demi-tranche, puis roulez-les en serrant.

Déposez les rouleaux sur une plaque recouverte de papier sulfurisé. Étalez le miel dessus, puis mettez-les à cuire 4 à 5 min sous le gril du four. Servez aussitôt.

POUR 6 PERSONNES
PRÉPARATION : 10 MIN
CUISSON : 5 MIN
DIFFICULTÉ : TRÈS FACILE
COÛT : RAISONNABLE

Minicroques à la mimolette

- *3 tranches de jambon blanc*
- *12 tranches de pain de mie sans croûte*
- *120 g de mimolette*
- *40 g de beurre mou*
- *5 cl d'huile d'arachide*

■ Beurrez les tranches de pain de mie d'un seul côté. Coupez le jambon en deux et la mimolette en lamelles.

■ Garnissez 6 tranches de pain d'un morceau de jambon et de lamelles de fromage. Couvrez avec les 6 autres tranches de pain, appuyez légèrement dessus, puis coupez chaque croque en quatre pour obtenir 24 minicroques.

■ Au moment de servir, faites-les dorer 2 min de chaque côté dans une poêle, dans l'huile chaude.

POUR 6 PERSONNES
PRÉPARATION : 15 MIN
CUISSON : 45 MIN
DIFFICULTÉ : FACILE
COÛT : RAISONNABLE

Tartelettes à l'oignon confit au cassis

- *1 rouleau de pâte feuilletée*
- *2 gros oignons*
- *40 g de beurre + beurre pour les moules*
- *10 cl de crème de cassis*

Matériel
- *Minimoules à tartelettes*

■ Dans une casserole, faites fondre les oignons émincés dans le beurre pendant 10 min. Ajoutez la crème de cassis et 4 cuil. à soupe d'eau, mélangez, laissez confire de 20 à 25 min, à feu moyen, en remuant.

■ Préchauffez le four à 210 °C (th. 7). Chemisez les minimoules à tartelettes beurrés avec la pâte feuilletée. Répartissez un peu de compote d'oignons dans chacun d'eux. Enfournez pour 8 à 10 min. Servez les tartelettes chaudes encore croustillantes.

POUR 6 PERSONNES
PRÉPARATION : 30 MIN
CUISSON : 20 MIN
DIFFICULTÉ : MOYEN
COÛT : RAISONNABLE

Miniquiches au crabe

- *200 g de pâte brisée*
- *200 g de chair de crabe*
- *1 carotte*
- *2 échalotes*
- *½ blanc de poireau*
- *1 œuf*
- *20 g de beurre*
- *15 cl de crème liquide*
- *5 cl de lait*
- *1 cuil. à café de curry*
- *Sel, poivre*

Matériel
- *Minimoules à tartelettes*

Émincez et lavez le blanc de poireau. Taillez la carotte en petits cubes, hachez les échalotes. Faites fondre le beurre dans une casserole. Ajoutez les échalotes, le poireau et la carotte. Salez et poivrez. Faites cuire à feu moyen pendant 8 à 10 min. Laissez refroidir avant d'ajouter la chair de crabe. Mélangez.

Par ailleurs, battez l'œuf dans un bol avec la crème, le lait, le curry, du sel et du poivre. Préchauffez le four à 200 °C (th. 6-7).

Chemisez les minimoules à tartelettes avec la pâte brisée. Répartissez dedans la préparation au crabe, puis versez la crème au curry dessus. Faites cuire au four pendant 10 min. Sortez les tartelettes, laissez-les tiédir avant de les démouler délicatement. Servez tiède.

CONSEIL

Vous pouvez utiliser de la chair de crabe surgelée. Dans ce cas, laissez-la bien décongeler, puis pressez-la pour en extraire le maximum d'eau.

POUR 6 PERSONNES
PRÉPARATION : 20 MIN
CUISSON : 25 MIN
DIFFICULTÉ : DIFFICILE
COÛT : RAISONNABLE

Gougères au comté

- *150 g de farine*
- *160 g de comté râpé*
- *4 œufs entiers + 1 jaune*
- *90 g de beurre*
- *15 cl de lait*
- *Sel*

Matériel

- *Poche à douille lisse*
- *Pinceau*
- *Papier sulfurisé*

Dans une casserole, faites bouillir le lait avec 10 cl d'eau, le beurre et du sel. Une fois le beurre fondu, ajoutez la farine, mélangez avec une spatule en bois, puis faites doucement dessécher le mélange à feu moyen pendant 4 à 5 min, en remuant sans cesse.

Hors du feu, ajoutez les œufs entiers, un à un, puis les trois quarts du fromage. À l'aide d'une poche munie d'une douille lisse, formez des petits choux sur une plaque de four recouverte d'une feuille de papier sulfurisé.

Préchauffez le four à 200 °C (th. 6-7). Dorez les petits choux au jaune d'œuf avec un pinceau, puis répartissez le reste du fromage dessus. Enfournez pour 20 min sans ouvrir la porte du four pendant la cuisson pour ne pas faire retomber les gougères.

CONSEIL

Selon la grosseur des œufs, mettez-en seulement trois pour que la pâte à choux ne soit pas trop liquide.

POUR 6 PERSONNES
PRÉPARATION : 20 MIN
CUISSON : 10 MIN
DIFFICULTÉ : FACILE
COÛT : RAISONNABLE

Minipizzas carrées au chèvre et au miel

- *200 g de pâte à pizza ou à pain surgelée en boule*
- *200 g de fromage de chèvre en bûche*
- *15 cl de coulis de tomates*
- *3 cuil. à soupe de miel liquide*
- *1 cuil. à café d'origan*
- *4 cuil. à soupe d'huile d'olive*
- *Poivre*

Matériel

- *Papier sulfurisé*

■ Abaissez la pâte en un carré de 2 mm d'épaisseur. Étalez le coulis de tomates dessus, puis taillez 24 petits carrés égaux dans la pâte. Déposez les carrés de pâte sur une plaque de four recouverte d'une feuille de papier sulfurisé.

■ Préchauffez le four à 220 °C (th. 7-8). Coupez 24 fines tranches de fromage de chèvre dans la bûche.

■ Déposez une tranche de chèvre sur chaque carré de pâte. Répartissez le miel et l'huile d'olive dessus, parsemez d'origan et poivrez légèrement. Enfournez pour 8 à 10 min. Servez aussitôt.

VARIANTE

Vous pouvez ajouter un peu de citron confit haché avec le coulis de tomates.

POUR 6 PERSONNES
PRÉPARATION : 15 MIN
CUISSON : 5 MIN
DIFFICULTÉ : MOYEN
COÛT : RAISONNABLE

Œufs de caille mollets croustillants

- *24 œufs de caille*
- *60 g de noisettes*
- *1 blanc d'œuf*
- *Huile pour friture*
- *Sel*

■ Faites cuire les œufs de caille 3 min à l'eau bouillante salée. Rafraîchissez-les sous l'eau froide, puis écalez-les délicatement.

■ Hachez les noisettes, mettez-les dans une assiette. Dans une autre assiette, battez le blanc d'œuf 10 s avec une fourchette.

■ Roulez les œufs de caille mollets froids dans le blanc d'œuf, puis panez-les dans les noisettes hachées.

■ Faites-les frire 10 s dans un bain d'huile bien chaud, égouttez-les sur un papier absorbant, servez aussitôt.

POUR 6 PERSONNES
PRÉPARATION : 20 MIN
REPOS : 1 H
CUISSON : 5 MIN
DIFFICULTÉ : MOYEN
COÛT : RAISONNABLE

Beignets de comté

- *250 g de comté*
- *125 g de farine*
- *20 cl de bière*
- *1 jaune d'œuf*
- *2 blancs d'œufs*
- *1 cuil. à soupe d'huile + huile pour friture*
- *Sel*

Dans un récipient, mélangez le jaune d'œuf avec la bière et 1 pincée de sel. Ajoutez la farine en remuant doucement, puis la cuillerée d'huile. Laissez reposer la pâte au moins 1 h au frais.

Retirez la croûte du comté, taillez-le en cubes de 1 cm de côté. Au moment de servir, montez les blancs d'œufs en neige avec 1 pincée de sel et incorporez-les à la pâte à beignets avec une spatule, en soulevant bien la préparation.

Piquez les morceaux de comté avec une fourchette ou une pique à fondue. Trempez-les dans la pâte à beignets, puis faites-les frire quelques secondes dans un bain d'huile bien chaud. Égouttez-les sur du papier absorbant et servez aussitôt.

VARIANTES

Vous pouvez mixer les goûts en alternant avec du fromage de chèvre ou même des fromages à pâte molle comme le camembert ou le reblochon.

POUR 6 PERSONNES
PRÉPARATION : 30 MIN
CUISSON : 25 MIN
DIFFICULTÉ : DIFFICILE
COÛT : RAISONNABLE

Sucettes panées de risotto à la mozzarella

- *150 g de riz rond arborio*
- *150 g de mozzarella*
- *40 g de beurre*
- *1 œuf*
- *1 oignon*
- *50 cl de bouillon de poule ou de légumes préparé avec un cube*
- *80 g de chapelure*
- *Huile pour friture*

Matériel

- *Piques en bois*

Dans une casserole, faites fondre l'oignon haché avec la moitié du beurre pendant 3 min. Ajoutez le riz, enrobez-le dans le beurre et l'oignon, puis versez un peu de bouillon chaud dessus. Laissez cuire 4 à 5 min et versez encore un peu de bouillon. Continuez ainsi jusqu'à épuisement du bouillon et que le riz soit cuit. Ajoutez ensuite le reste du beurre, mélangez ; laissez complètement refroidir le riz.

Taillez la mozzarella en petits cubes. Une fois le riz refroidi, formez des boulettes avec vos mains, puis creusez un trou dedans avec votre pouce. Mettez un morceau de mozzarella dans le trou, reformez la boulette.

Passez les boulettes de riz farcies dans l'œuf battu, puis la chapelure. Faites-les ensuite dorer pendant 2 à 3 min dans un bain d'huile bien chaud ou à la poêle. Servez-les bien chaudes, en plantant une pique en bois dans chacune d'elles pour faire une sucette.

CONSEILS

Il est préférable de faire cuire le riz au moins 2 ou 3 h avant et de le mettre au frais, afin de pouvoir former les boulettes facilement. Vous pouvez également remplacer la mozzarella par du gorgonzola ou même du parmesan.

POUR 6 PERSONNES
PRÉPARATION : 10 MIN
REPOS : 1 H
CUISSON : 15 MIN
DIFFICULTÉ : TRÈS FACILE
COÛT : RAISONNABLE

Madeleines au chèvre

- *1 courgette (environ 150 g)*
- *3 quartiers de tomates séchées*
- *6 feuilles de basilic frais*
- *150 g de farine*
- *80 g de crottin de chèvre sec*
- *3 œufs*
- *5 cl de lait*
- *½ sachet de levure*
- *5 cl d'huile d'olive*
- *Sel, poivre*

Matériel

- *Moules à madeleines*

■ Faites tiédir le lait et l'huile d'olive dans une casserole. Râpez finement la courgette, coupez le fromage de chèvre en petits morceaux, hachez soigneusement les tomates séchées.

■ Mélangez les œufs, la farine et la levure dans un récipient. Ajoutez le lait et l'huile tièdes, le fromage, les tomates, la courgette, le basilic haché, du sel et du poivre. Laissez reposer la pâte 1 h, puis remplissez les moules à madeleines.

■ Préchauffez le four à 180 °C (th. 6). Mettez les madeleines à cuire pendant 12 à 15 min. Dégustez-les tièdes ou froides.

POUR 6 PERSONNES
PRÉPARATION : 30 MIN
RÉFRIGÉRATION : 2 H
CUISSON : 15 MIN
DIFFICULTÉ : MOYEN
COÛT : RAISONNABLE

Croquetas au jambon et à la Vache qui rit

- *2 tranches de jambon de 2 mm d'épaisseur*
- *2 portions de Vache qui rit®*
- *50 g de beurre*
- *30 cl de lait*
- *1 œuf*
- *40 g de farine*
- *5 cuil. à soupe de chapelure*
- *Sel, poivre*

Matériel

- *Papier sulfurisé*

Faites fondre 25 g de beurre dans une casserole. Ajoutez la farine, laissez cuire à feu doux, pendant 4 à 5 min, en remuant pour obtenir un roux. Versez le lait dessus, portez à ébullition et laissez cuire de 5 à 6 min à feu moyen, en remuant pour obtenir une béchamel épaisse.

Hors du feu, ajoutez la Vache qui rit et le jambon coupés en petits morceaux, salez, poivrez, mélangez. Étalez la béchamel sur environ 1 cm d'épaisseur dans un plat chemisé d'une feuille de papier sulfurisé. Mettez-le au moins 2 h au frais pour faire durcir la béchamel.

Sortez le plat du réfrigérateur, démoulez la béchamel, taillez des bâtonnets de 5 à 6 cm de long. Passez-les dans l'œuf battu, puis la chapelure pour les paner. Au moment de servir, faites-les dorer 2 min à la poêle dans le reste du beurre.

VARIANTE

Vous pouvez remplacer la Vache qui rit par des petits cubes de gruyère.

POUR 6 PERSONNES
PRÉPARATION : 10 MIN
RÉFRIGÉRATION : 2 H
DIFFICULTÉ : TRÈS FACILE
COÛT : RAISONNABLE

Roulés au Boursin et au jambon cru

- *2 grandes crêpes*
- *1 tranche de jambon cru sec de 2 à 3 mm d'épaisseur*
- *160 g de Boursin*
- *1 botte de ciboulette*
- *30 g de cerneaux de noix*
- *Poivre*

Taillez le jambon en petits cubes, faites-les légèrement griller à sec, dans une poêle. Dans un récipient, mélangez le Boursin avec la ciboulette et les noix hachées, les cubes de jambon grillés et du poivre.

Répartissez cette préparation sur toute la surface de chaque crêpe, puis roulez-les en serrant bien. Placez les crêpes roulées au moins 2 h au frais avant de les couper en tranches, juste avant de servir.

POUR 6 PERSONNES
PRÉPARATION : 10 MIN
CUISSON : 2 MIN
DIFFICULTÉ : TRÈS FACILE
COÛT : RAISONNABLE

Bruschetta au beurre d'ail et aux herbes

- *6 petits pains longs individuels ou 12 tranches de baguette*
- *80 g de parmesan à la coupe*
- *40 g de beurre mou*
- *1 gousse d'ail*
- *6 feuilles de basilic*
- *3 branches de cerfeuil*
- *3 branches d'estragon*
- *Sel, poivre*

■ Hachez toutes les herbes et l'ail. Mélangez-les dans un bol avec le beurre mou, du sel et du poivre. Coupez les petits pains en deux dans l'épaisseur. Badigeonnez-les de beurre d'ail aux herbes. Parsemez chaque demi-pain de copeaux de parmesan.

■ Allumez le four en position gril. Passez les demi-pains 2 à 3 min sous le gril pour qu'ils soient juste grillés et le fromage légèrement gratiné. Servez aussitôt.

POUR 6 PERSONNES
PRÉPARATION : 20 MIN
CUISSON : 5 MIN
DIFFICULTÉ : FACILE
COÛT : UN PEU CHER

Bouchées d'escargots au lard

- *30 escargots*
- *15 fines tranches de lard fumé*
- *5 feuilles de brick*
- *40 g de beurre mou*
- *1 gousse d'ail*
- *1 échalote*
- *2 cuil. à soupe de persil haché*
- *1 cuil. à soupe de pastis*
- *Sel, poivre*

■ Dans un récipient, mélangez le beurre mou avec le persil, le pastis, l'ail et l'échalote hachés, du sel et du poivre. Taillez chaque tranche de lard en deux dans la longueur, roulez un escargot dans chaque demi-tranche.

■ Préchauffez le four à 200 °C (th. 6-7). Découpez chaque feuille de brick en 6 carrés. Disposez un escargot au lard avec un peu de beurre persillé au centre de chacun d'eux, puis refermez les bouchées comme des bonbons. Mettez-les à dorer 5 min au four. Servez aussitôt.

POUR 4 PERSONNES
PRÉPARATION : 20 MIN
CUISSON : 6 MIN
DIFFICULTÉ : FACILE
COÛT : CHER

Saltimbocca

- *8 petites escalopes de veau très fines*
- *8 petites tranches de jambon de Parme très fines*
- *8 feuilles de sauge*
- *10 cl de fond de veau*
- *Huile d'olive*
- *Sel, poivre du moulin*

Matériel
- *Maillet*
- *Piques en bois*

Aplatissez les escalopes au maillet. Sur chaque escalope, placez 1 tranche de jambon et 1 feuille de sauge. Salez et poivrez. Roulez les escalopes bien serrées et piquez une mini brochette de la taille d'un cure-dent pour les fermer.
Faites chauffer de l'huile d'olive dans une sauteuse suffisamment grande pour contenir toutes les saltimboccas sans qu'elles ne se chevauchent.
Faites dorer les bouchées 6 min en les retournant régulièrement.

Déglacez la sauteuse qui a servi à la cuisson avec le fond de veau. Versez cette sauce sur les roulés.
Vous obtiendrez des petites brochettes si délicieuses qu'elles « sautent dans la bouche », comme l'indique leur appellation italienne.

CONSEILS

Pour gagner du temps, demandez à votre boucher d'attendrir la viande. Préparez une salade de roquette ainsi que quelques copeaux de parmesan et le tour est joué !

POUR 6 PERSONNES
PRÉPARATION : 20 MIN
CUISSON : 8 MIN
DIFFICULTÉ : FACILE
COÛT : RAISONNABLE

Brownies de pomme de terre et poulet

- *200 g de chair de poulet rôti*
- *250 g de purée de pommes de terre épaisse*
- *½ bouquet de coriandre*
- *40 g de beurre*
- *1 œuf*
- *1 cuil. à soupe de farine*
- *Sel, poivre*

Coupez la chair de poulet en petits morceaux, hachez la coriandre. Dans un récipient, mélangez la purée avec le poulet, la coriandre, l'œuf battu, la farine, du sel et du poivre.

Étalez délicatement cette préparation sur 1,5 cm d'épaisseur avec un rouleau à pâtisserie, puis coupez des carrés de 2 cm de côté.

Dans une poêle, faites fondre le beurre à feu moyen et faites dorer les carrés 3 à 4 min de chaque côté. Servez-les bien chauds.

CONSEILS

Vous pouvez les préparer à l'avance et les réchauffer au four avant de servir.

POUR 6 PERSONNES
PRÉPARATION : 15 MIN
CUISSON : 5 MIN
DIFFICULTÉ : FACILE
COÛT : RAISONNABLE

Bouchées de poulet et courgettes au curcuma

- *2 blancs de poulet*
- *2 courgettes*
- *1 œuf*
- *3 cuil. à soupe de chapelure*
- *2 cuil. à soupe de farine*
- *1 cuil. à café de curcuma*
- *3 cuil. à soupe d'huile d'olive*
- *3 cuil. à soupe de vinaigre de vin*
- *10 cl d'huile pour friture*
- *Sel, poivre*

Matériel

- *6 verrines*

Râpez les courgettes. Mélangez-les avec l'huile d'olive, le vinaigre, le curcuma, du sel et du poivre. Répartissez le tout dans des verrines. Gardez au frais.

Taillez le poulet en petits morceaux. Passez-les successivement dans la farine, l'œuf battu, puis la chapelure. Faites-les frire 5 min dans l'huile très chaude, dans une poêle. Assaisonnez-les, puis servez-les aussitôt avec les courgettes au curcuma.

POUR 6 PERSONNES
PRÉPARATION : 15 MIN
CUISSON : 10 MIN
RÉFRIGÉRATION : 2 H
DIFFICULTÉ : TRÈS FACILE
COÛT : RAISONNABLE

Verrines au cumin

- 1 tranche de lard de 5 mm d'épaisseur
- 500 g de carottes
- 2 pommes rouges
- 20 g de beurre
- 5 cl de vinaigre de vin
- 1 cuil. à soupe de sucre
- 1 cuil. à café de cumin en graines
- Sel, poivre

Matériel
- Minicuillère parisienne
- 6 verrines

■ Épluchez les carottes. À l'aide d'une minicuillère parisienne, formez des boules dans les carottes et les pommes.

■ Faites fondre le beurre dans une casserole. Ajoutez les carottes et le lard coupé en petits cubes. Laissez cuire 2 min à feu vif en remuant, puis ajoutez le sucre, le vinaigre, 5 cl d'eau, du sel, du poivre et le cumin. Couvrez, laissez cuire 5 min à feu moyen, puis ajoutez les pommes et faites cuire encore 5 min à couvert.

■ Laissez refroidir la préparation dans son jus au moins 2 h au frais. Servez dans des verrines.

POUR 6 PERSONNES
PRÉPARATION : 30 MIN
CUISSON : 25 MIN
CONGÉLATION : 20 MIN
DIFFICULTÉ : DIFFICILE
COÛT : UN PEU CHER

Makis de paella au chorizo et au serrano

- *120 g de riz*
- *60 g de chorizo*
- *12 fines tranches de jambon Serrano*
- *60 g de moules décoquillées*
- *40 g de crevettes décortiquées*
- *½ oignon*
- *20 g de beurre*
- *1 g de pistils de safran*
- *Sel, poivre*

Matériel

- *Papier sulfurisé*

■ Faites fondre l'oignon haché 3 min dans le beurre, dans une casserole. Ajoutez le riz, le safran, du sel et du poivre. Enrobez bien le riz de matière grasse, puis versez une fois et demie son volume d'eau. Couvrez avec une feuille de papier sulfurisé. Laissez cuire le riz, à feu doux, pendant 15 à 20 min, en remuant de temps à autre.

■ En fin de cuisson, ajoutez les crevettes coupées en morceaux, le chorizo taillé en petits cubes et les moules. Laissez refroidir le riz, puis formez environ 3 boudins de 2 à 3 cm de diamètre et de 15 cm de longueur, en les roulant dans des feuilles de papier sulfurisé. Mettez les boudins de riz 20 min au congélateur pour les faire durcir rapidement.

■ Sortez les boudins, retirez le papier, puis enroulez les tranches de jambon autour. Coupez des morceaux de la taille d'un maki. Au moment de servir, passez-les 2 min au four préchauffé à 210 °C (th. 7). Vous pouvez aussi les servir froids.

CONSEIL

N'hésitez pas à prolonger un peu la cuisson du riz afin qu'il soit légèrement collant, les boudins se tiendront mieux.

POUR 6 PERSONNES
PRÉPARATION : 15 MIN
CUISSON : 5 MIN
DIFFICULTÉ : FACILE
COÛT : RAISONNABLE

Bouchées de thon mi-cuit aux graines de moutarde

- *2 tranches de thon d'environ 200 g et de 1,5 cm d'épaisseur*
- *4 cuil. à soupe de graines de moutarde*
- *2 cuil. à soupe de moutarde douce*
- *8 cuil. à soupe d'huile d'olive*
- *Le jus de 1 citron*
- *1 cuil. à café d'aneth haché*
- *Sel, poivre*

Matériel

- *Pinceau*

■ Préparez une vinaigrette en mélangeant dans un bol un tiers de la moutarde douce avec 4 cuil. à soupe d'huile d'olive, le jus de citron, l'aneth haché, du sel et du poivre.

■ Taillez les tranches de thon en cubes de 1,5 cm de côté. Badigeonnez-les au pinceau avec le reste de la moutarde. Assaisonnez-les, puis roulez-les dans les graines de moutarde en appuyant bien dessus pour les faire adhérer.

■ Faites chauffer le reste de l'huile d'olive dans une poêle et faites dorer les cubes de thon sur toutes leurs faces pendant 4 à 5 min. Servez-les avec la vinaigrette moutardée.

VARIANTE

Vous pouvez remplacer les graines de moutarde par des graines de sésame ou de pavot.

POUR 6 PERSONNES
PRÉPARATION : 15 MIN
CUISSON : 5 MIN
RÉFRIGÉRATION : 2 H
DIFFICULTÉ : TRÈS FACILE
COÛT : UN PEU CHER

Rillettes de poisson

- *250 g de merlan ou de cabillaud en filets*
- *40 g de beurre mou*
- *1 cuil. à soupe de crème fraîche épaisse*
- *2 échalotes*
- *2 branches de coriandre fraîche*
- *2 pincées de piment*
- *2 pincées de curry*
- *2 pincées de gingembre en poudre*
- *Sel*

■ Faites cuire le poisson 5 min dans un court-bouillon frémissant ou de l'eau frémissante salée. Égouttez-le, laissez-le refroidir, puis émiettez-le dans un récipient en prenant soin de retirer les arêtes.

■ Ajoutez le beurre mou, la crème, les échalotes et la coriandre hachées, les épices et du sel. Mélangez délicatement.

■ Répartissez les rillettes dans des récipients individuels, réservez-les au moins 2 h au frais. Dégustez-les avec des petits pains toastés.

POUR 6 PERSONNES
PRÉPARATION : 15 MIN
REPOS : 4 H
CUISSON : 5 MIN
DIFFICULTÉ : FACILE
COÛT : RAISONNABLE

Acras de morue

- *250 g de morue cuite*
- *2 gousses d'ail*
- *3 tiges de cives ou d'oignons nouveaux*
- *1 œuf*
- *15 cl de lait*
- *150 g de farine*
- *1 cuil. à café de piment de Cayenne en poudre*
- *2 pincées de bicarbonate de soude (facultatif)*
- *Huile pour friture*

Hachez l'ail et la cive. Émiettez la morue cuite dans un récipient. Ajoutez la farine, le piment, le bicarbonate de soude, l'ail, la cive, puis l'œuf battu et le lait. Mélangez à la main pour obtenir une pâte assez épaisse mais onctueuse. Laissez reposer cette pâte au réfrigérateur pendant 3 à 4 h.

Sortez la pâte du réfrigérateur. Faites chauffer un bain d'huile puis, à l'aide de deux cuillères, formez des quenelles ou des croquettes de pâte. Plongez-les quelques minutes dans le bain d'huile bien chaud jusqu'à ce qu'elles soient bien dorées.

Égouttez les acras sur une feuille de papier absorbant, dégustez-les bien chauds avec une sauce pimentée aigre-douce.

CONSEILS

Il est préférable de mettre un peu de bicarbonate de soude, ce qui permet de faire légèrement gonfler les acras. Ajoutez un peu de lait ou de farine, selon que la pâte est trop épaisse ou trop liquide.

POUR 6 PERSONNES
PRÉPARATION : 15 MIN
CUISSON : 5 MIN
MARINADE : 2 H
DIFFICULTÉ : TRÈS FACILE
COÛT : CHER

Crevettes marinées à la coriandre

- *30 crevettes roses*
- *10 cl de lait de coco*
- *1 bouquet de coriandre fraîche*
- *1 gousse d'ail*
- *1 bâton de citronnelle*
- *1 cuil. à café de gingembre frais râpé*
- *3 cuil. à soupe d'huile d'olive*
- *Sel, poivre*

■ Faites fondre l'ail haché dans l'huile d'olive, dans une casserole. Ajoutez la citronnelle hachée, le gingembre, le lait de coco, du sel, du poivre et 5 cl d'eau. Portez à ébullition et laissez cuire 5 min à feu moyen.

■ Éteignez le feu, ajoutez la coriandre hachée. Décortiquez les crevettes, mettez-les dans un grand bol, versez la marinade dessus. Laissez mariner au moins 2 h au frais avant de déguster.

POUR 6 PERSONNES
PRÉPARATION : 20 MIN
CUISSON : 5 MIN
DIFFICULTÉ : FACILE
COÛT : RAISONNABLE

Feta à la sauge en tempura

- *30 cubes de feta*
- *30 feuilles de sauge*
- *1 jaune d'œuf*
- *100 g de farine*
- *2 pincées de bicarbonate de soude*
- *Huile pour friture*

Matériel

- *30 piques en bois*

Roulez une feuille de sauge autour de chaque cube de feta, faites-les tenir avec une pique en bois.

Préparez la pâte à tempura en mélangeant le jaune d'œuf avec 15 cl d'eau glacée. Ajoutez-y la farine et le bicarbonate.

Faites chauffer un bain d'huile. Trempez les cubes de feta à la sauge dans la pâte à tempura en les tenant par les piques en bois, puis plongez-les quelques secondes dans l'huile bien chaude pour les faire frire. Égouttez-les sur du papier absorbant, servez aussitôt.

POUR 6 PERSONNES
PRÉPARATION : 15 MIN
CUISSON : 5 MIN
DIFFICULTÉ : TRÈS FACILE
COÛT : RAISONNABLE

Miniclub-sandwichs au poulet

- *150 g de restes de poulet rôti*
- *100 g de ricotta*
- *9 tranches de pain de mie sans croûte*
- *1 oignon*
- *1 cuil. à café de curry*
- *1 cuil. à café de sucre cassonade*
- *1 cuil. à soupe de vinaigre*
- *2 cuil. à soupe d'huile d'olive*
- *Sel, poivre*

■ Faites fondre l'oignon haché 3 min dans l'huile d'olive, dans une casserole. Ajoutez le sucre et le vinaigre, laissez légèrement caraméliser 2 à 3 min, à feu vif, en remuant. Laissez un peu refroidir, puis ajoutez le poulet émietté, le curry, la ricotta, du sel et du poivre.

■ Répartissez la moitié de la préparation sur 3 tranches de pain de mie, posez dessus 3 autres tranches, puis répartissez le reste et couvrez avec les tranches de pain restantes. Pressez légèrement les sandwichs et coupez-les en triangles.

POUR 6 PERSONNES
PRÉPARATION : 30 MIN
CUISSON : 3 MIN
RÉFRIGÉRATION : 1 H
DIFFICULTÉ : DIFFICILE
COÛT : CHER

Sucettes de foie gras et de mangue au pain d'épice

- *180 g de foie gras cuit en tranches d'environ 3 mm*
- *180 g de mangue pas trop mûre*
- *4 tranches de pain d'épice*
- *20 g de beurre*
- *1 cuil. à soupe de miel liquide*

Matériel

- *Piques en bois*

■ Épluchez puis taillez la mangue en tranches d'environ 2 mm d'épaisseur. Faites dorer les tranches de mangue à la poêle, dans le beurre. Ajoutez le miel, laissez caraméliser 1 min, puis déposez-les sur du papier absorbant et laissez-les refroidir à température ambiante.

■ Retirez la croûte des tranches de pain d'épice, coupez-les en deux ou trois dans l'épaisseur, imbibez-les légèrement avec le jus de cuisson des mangues.

■ Taillez des carrés de taille égale dans le foie gras, le pain d'épice et la mangue. Superposez-les en mettant 2 tranches de chaque pour une sucette, puis maintenez-les avec une pique. Placez les sucettes au moins 1 h au frais avant de les servir.

VARIANTE

Vous pouvez remplacer la mangue par de la figue fraîche, que vous ferez cuire de la même façon.

POUR 6 PERSONNES
PRÉPARATION : 15 MIN
CUISSON : 25 MIN
DIFFICULTÉ : TRÈS FACILE
COÛT : UN PEU CHER

Croquettes au magret fumé

- *200 g de magret de canard fumé en tranches*
- *300 g de pommes de terre*
- *30 g de beurre*
- *1 cuil. à soupe de crème fraîche épaisse*
- *1 cuil. à café de piment d'Espelette*
- *Sel, poivre*

■ Épluchez les pommes de terre, taillez-les en petits morceaux. Mettez-les à cuire 20 min dans de l'eau salée. Égouttez-les, puis faites-les sécher de 4 à 5 min sur le feu, dans une casserole, en remuant.

■ Écrasez grossièrement les pommes de terre avec une fourchette. Ajoutez la crème, le beurre, le piment, du sel et du poivre. Laissez refroidir la purée, puis formez des petites croquettes ou des miniboudins avec vos mains. Enroulez des tranches de magret fumé autour.

■ Au moment de servir, passez les bouchées 2 min sous le gril du four.

POUR 4 PERSONNES
PRÉPARATION : 10 MIN
REPOS : 20 MIN
DIFFICULTÉ : TRÈS FACILE
COÛT : RAISONNABLE

Bretzels garnis

- *Bâtonnets de bretzels*
- *16 tomates cerise*
- *4 portions de fromage frais*
- *4 tranches de jambon de Parme*
- *8 feuilles de menthe*

Matériel

- *Papier d'aluminium*

Rincez, essorez et ciselez les feuilles de menthe. Tartinez les tranches de jambon avec le fromage. Parsemez-les des feuilles de menthe ciselée. Roulez les tranches de jambon pour obtenir de longs et fins rouleaux. Serrez-les dans du papier d'aluminium et placez-les 20 min au congélateur.

Rincez et essuyez les tomates cerise. Sortez le jambon du congélateur et retirez le papier d'aluminium. Découpez les rouleaux de jambon en petites bouchées.

Composez les brochettes en alternant les tomates cerise et les bouchées de jambon au fromage frais sur des bâtonnets de bretzels.

POUR 4 PERSONNES
PRÉPARATION : 10 MIN
CUISSON : 4 MIN
DIFFICULTÉ : TRÈS FACILE
COÛT : RAISONNABLE

Minibrochettes aux raisins et à la pancetta

- *500 g de raisin Italia*
- *12 fines tranches de pancetta*
- *Huile d'olive*
- *Poivre du moulin*

Matériel

- *Pinceau*
- *Piques en bois*

Rincez et essuyez le raisin. Emballez la moitié des grains d'une demi-tranche de pancetta. Sur les piques, alternez les grains avec et sans pancetta.

Huilez rapidement les brochettes au pinceau. Enfournez 2 min de chaque côté sous un gril chaud. Juste avant de servir, assaisonnez d'un tour de moulin à poivre.

VARIANTE

Vous pouvez remplacer la pancetta par de fines tranches de poitrine fumée.

POUR 4 PERSONNES
PRÉPARATION : 10 MIN
CUISSON : 8 MIN
MARINADE : 4 H
DIFFICULTÉ : FACILE
COÛT : CHER

Brochettes de crevettes pimentées

- *400 g de grosses crevettes décortiquées*
- *1 piment rouge*
- *1 oignon frais*
- *2 tomates*
- *4 cuil. à soupe de jus de citron*
- *1 dose de safran*
- *1 bouquet de coriandre*
- *1 pincée de sucre*
- *3 cuil. à soupe d'huile d'olive*
- *5 cl de vinaigre de xeres*
- *Sel, poivre*

Matériel

- *Piques en bois*

Émincez le piment et l'oignon. Détaillez les tomates en petits dés.

Dans une sauteuse, faites revenir rapidement les crevettes dans l'huile d'olive. Enfilez-les sur de petites piques. Réservez.

Déglacez le jus de cuisson avec le vinaigre. Ajoutez le piment, l'oignon, les tomates, le jus de citron et le safran. Laissez cuire quelques minutes à feu doux. Assaisonnez avec du sel, du poivre et le sucre. Versez cette préparation sur les crevettes. Laissez mariner au frais 4 h sous un film alimentaire.

Au moment de servir, parsemez de feuilles de coriandre ciselées.

POUR 4 PERSONNES
PRÉPARATION : 10 MIN
CUISSON : 3 MIN
DIFFICULTÉ : TRÈS FACILE
COÛT : RAISONNABLE

Brochettes de petits boudins

- *16 petits boudins noirs antillais*
- *1 ananas Victoria*
- *Piment d'Espelette*

Matériel

- *Piques en bois*

■ Ôtez soigneusement l'écorce de l'ananas en enlevant les yeux. Découpez-le en cubes.

■ Réchauffez les boudins 3 min dans une casserole d'eau frémissante. Veillez à ne pas les faire éclater.

■ Composez les brochettes en alternant boudins et cubes d'ananas. Saupoudrez une pincée de piment d'Espelette sur chaque brochette.

VARIANTE

Vous pouvez remplacer l'ananas par des cubes de mangue.

POUR 4 PERSONNES
PRÉPARATION : 15 MIN
CUISSON : 20 MIN
DIFFICULTÉ : TRÈS FACILE
COÛT : RAISONNABLE

Brochettes potagères

- *8 petites pommes de terre, de type ratte*
- *16 tomates cerise*
- *2 courgettes*
- *8 oignons nouveaux*
- *8 branches de romarin*
- *8 gousses d'ail*
- *Huile d'olive*
- *Fleur de sel*

Matériel
- *Pinceau*
- *1 brochette métallique*

■ Lavez et essuyez les pommes de terre, les tomates cerise et les courgettes. Épluchez l'ail et les oignons. Découpez les courgettes en petits tronçons.

■ Dans une poêle antiadhésive, faites chauffer 3 cuil. à soupe d'huile d'olive et rissoler les pommes de terre sur tous les côtés à feu doux. Continuez la cuisson à couvert 10 min. Lorsque les pommes de terre sont cuites, retirez-les de la poêle et laissez-les tiédir.

■ Effeuillez les branches de romarin sauf à leurs extrémités.

■ À l'aide de la brochette métallique, percez un trou sur chaque morceau de légume et composez la brochette définitive sur les branches de romarin. Alternez les légumes de manière à varier les couleurs et les formes.

■ Badigeonnez les brochettes d'huile d'olive à l'aide d'un pinceau. Passez les brochettes au gril du four 10 min. À la sortie du four, assaisonnez avec une pincée de fleur de sel.

POUR 4 PERSONNES
PRÉPARATION : 10 MIN
MARINADE : 30 MIN
DIFFICULTÉ : FACILE
COÛT : CHER

Brochettes saumon, menthe et citron vert

- *4 grandes tranches fines de saumon cru*
- *2 citrons verts bio*
- *1 gousse d'ail*
- *2 petits oignons frais*
- *12 feuilles de menthe*
- *4 cuil. à soupe d'huile d'olive*
- *Poivre du moulin*

Matériel

- *Piques en bois*
- *Film alimentaire*

■ Préparez une marinade avec le jus de 1 citron, les oignons hachés, la gousse d'ail pressée, 4 feuilles de menthe ciselées et l'huile d'olive. Poivrez et mélangez.

■ Découpez les tranches de saumon en lanières que vous enfilerez en chiffonnade sur des piques apéritives. Alternez avec des tranches du second citron et le reste de la menthe.

■ Faites mariner dans le mélange, au frais, sous un film alimentaire pendant 30 min. Égouttez et dégustez bien frais.

POUR 4 PERSONNES
PRÉPARATION : 15 MIN
CUISSON : 13 MIN
TEMPS DE REPOS : 2 H
DIFFICULTÉ : FACILE
COÛT : RAISONNABLE

Brochettes végétariennes

- 150 g de pois gourmands
- 250 g de mini courgettes
- 1 botte d'oignons frais
- 8 asperges vertes
- 1 citron bio
- 2 branches de thym frais
- 4 cuil. à soupe d'huile d'olive
- Fleur de sel

Matériel
- Piques en bois

■ Lavez les pois gourmands et les courgettes. Épluchez les oignons et les asperges. Gardez le début de la tige verte des oignons frais. Coupez les courgettes en gros tronçons, les oignons en deux, les asperges en bâtonnets de 4 cm et les pois gourmands en trois.

■ Faites bouillir une casserole d'eau salée et plongez-y les légumes 3 min. Passez-les ensuite rapidement sous l'eau froide pour qu'ils restent bien verts. Égouttez-les. Composez les brochettes avec les différents légumes.

■ Prélevez le zeste du citron et pressez-le pour en extraire le jus. Versez-le dans un plat avec l'huile d'olive, le thym effeuillé et le zeste. Laissez mariner les brochettes 2 h, au frais, en les retournant régulièrement dans la marinade.

■ Enfournez 10 min sous le gril. Veillez à ce que les brochettes cuisent sur toutes leurs faces. À la sortie, saupoudrez d'une pincée de fleur de sel.

ACCOMPAGNEMENT

Ces brochettes plairont aux plus « veggie » ou accompagneront agréablement du poisson blanc.

POUR 4 PERSONNES
PRÉPARATION : 10 MIN
DIFFICULTÉ : TRÈS FACILE
COÛT : RAISONNABLE

Brochettes de chèvre

- *250 g de chèvre frais*
- *12 tomates cerise*
- *1 cuil. à soupe de graines de pavot*
- *1 cuil. à soupe de piment d'Espelette*
- *1 cuil. à soupe de graines de sésame blond*
- *1 cuil. à soupe de pistaches nature*

Matériel

- *Piques en bois*

■ Hachez les pistaches. Dans une poêle, faites griller les graines de sésame à sec.

■ Formez des petites billes de chèvre frais que vous roulerez dans les différentes épices. Vous obtiendrez une variété de bouchées multicolores. Piquez-les sur de petites brochettes surmontées d'une tomate cerise.

CONSEIL

Vous pouvez préparer ces brochettes à l'avance, mais gardez-les au frais jusqu'au moment de servir.

POUR 4 PERSONNES
PRÉPARATION : 20 MIN
CUISSON : 4 MIN
MARINADE : 30 MIN
DIFFICULTÉ : FACILE
COÛT : RAISONNABLE

Satays de tofu

- *350 g de tofu ferme*
- *1 poivron vert*
- *1 poivron rouge*
- *2 gousses d'ail*
- *2 oignons frais avec le début de la tige verte*
- *2 pincées de paprika*
- *1 cuil. à soupe de beurre de cacahuètes*
- *2 cuil. à café de sucre*
- *4 cuil. à soupe de sauce soja*
- *2 cuil. à café de vinaigre blanc*
- *3 cuil. à café d'huile de sésame grillé*
- *2 cuil. à soupe d'huile d'olive*

Matériel
- *Piques en bois*
- *Pinceau*

Découpez le tofu en cubes. Dans un plat, pressez 1 gousse d'ail, ajoutez 2 cuil. à soupe de sauce soja et l'huile de sésame. Mélangez et faites mariner le tofu 30 min.

Préparez la sauce. Dans un bol, mélangez les oignons hachés, la seconde gousse d'ail pressée, le beurre de cacahuètes, le vinaigre, 2 cuil. à soupe de sauce soja, le paprika et le sucre. Mélangez et réservez.

Découpez les poivrons en carrés. Piquez-les sur des brochettes en alternant avec le tofu. Badigeonnez d'huile d'olive et placez sous le gril du four 4 min. Retournez à mi-cuisson. Servez avec la sauce au beurre de cacahuètes.

POUR 4 PERSONNES
PRÉPARATION : 10 MIN
CUISSON : 5 MIN
MARINADE : 15 MIN
DIFFICULTÉ : TRÈS FACILE
COÛT : RAISONNABLE

Brochettes aux deux champignons

- *16 petits champignons de Paris*
- *16 petits shiitake*
- *½ bouquet de ciboulette*
- *Le jus de 2 citrons*
- *6 cuil. à soupe d'huile d'olive*
- *Sel, poivre du moulin*

Matériel

- *Piques en bois*

■ Coupez le bout terreux des champignons, rincez et essuyez. Formez les brochettes en alternant les variétés de champignons.

■ Versez le jus de citron dans un plat avec l'huile d'olive. Salez et poivrez. Faites-y mariner les brochettes 15 min.

■ Faites cuire 5 min sous le gril du four. À la sortie du four, ciselez de la ciboulette sur les brochettes.

CONSEILS

Une sauce teriyaki prête à l'emploi peut aussi servir de marinade. Ces brochettes sont délicieuses avec du poulet.

POUR 4 PERSONNES
PRÉPARATION : 15 MIN
CUISSON : 10 MIN
MARINADE : 2 H
DIFFICULTÉ : FACILE
COÛT : RAISONNABLE

Brochettes lapin, citron confit et verveine

- *2 râbles de lapin désossés*
- *Le jus de 2 citrons*
- *5 feuilles de verveine*
- *4 citrons confits*
- *3 cuil. à soupe de miel d'acacia*
- *15 cl d'huile d'olive*

Matériel
- *Piques en bois*

■ Découpez le lapin en cubes. Versez le jus des citrons dans un plat avec l'huile d'olive, le miel et les feuilles de verveine ciselées. Mélangez bien et faites-y mariner le lapin 2 h, au frais.

■ Découpez les citrons confits en morceaux. Formez les brochettes en alternant morceaux de lapin et de citron confit. Passez les brochettes 10 min environ sous le gril du four.

ACCOMPAGNEMENT

Servez avec de la semoule arrosée de marinade.

POUR 4 PERSONNES
PRÉPARATION : 20 MIN
CUISSON : 10 MIN
DIFFICULTÉ : TRÈS FACILE
COÛT : UN PEU CHER

Brochettes yakitori

- *3 blancs de poulet*
- *2 blancs de poireau ou 4 minipoireaux primeurs*
- *1 cuil. à soupe d'huile*

Pour la sauce
- *6 cuil. à soupe de sauce soja*
- *6 cuil. à soupe de saké*
- *4 cuil. à soupe de sucre*

Matériel
- *12 « kushi », brochettes en bois ou en bambou de 15 cm*

■ Lavez les poireaux et découpez-les en tronçons de 1 cm (ou en segments de 4 cm si ce sont des poireaux primeurs).

■ Découpez les blancs de poulet en deux, dans la longueur, puis en morceaux de la taille d'une bouchée. Assemblez les brochettes en alternant morceaux de poulet et de poireau.

■ Dans un bol, mélangez tous les ingrédients de la sauce jusqu'à ce que le sucre soit dissous.

■ Chauffez l'huile dans une poêle, faites-y cuire les brochettes, d'abord à feu vif, puis diminuez à feu moyen et laissez cuire à couvert. Retournez les brochettes toutes les 2 min. Lorsqu'elles sont presque cuites, versez la sauce et laissez frémir à découvert jusqu'à ce qu'elle épaississe. Remuez pour éviter qu'elle n'attache. Lorsqu'elle prend une apparence laquée, servez les brochettes et nappez-les de sauce.

CONSEIL

Pour éviter qu'elles ne brûlent pendant la cuisson, faites tremper les piques à brochettes dans de l'eau au moins 3 h avant.

POUR 4 PERSONNES
PRÉPARATION : 30 MIN
CUISSON : 10 MIN
DIFFICULTÉ : TRÈS FACILE
COÛT : CHER

Brochettes de veau façon tsukune

- *400 g de veau haché*
- *1 poireau*
- *1 morceau de gingembre de 3 cm*
- *8 cuil. à soupe de chapelure japonaise*
- *1 petit œuf*
- *2 cuil. à soupe de sauce soja*
- *2 cuil. à soupe de saké*
- *1 cuil. à soupe d'huile*
- *Shichimi-tôgarashi*

Pour la sauce

- *3 cuil. à soupe de sauce soja*
- *3 cuil. à café de sucre*
- *3 cuil. à soupe de mirin*
- *3 cuil. à soupe de saké*

Matériel

- *12 « kushi », brochettes en bois ou en bambou de 15 cm*

■ Épluchez et râpez le gingembre. Lavez et hachez finement le poireau. Ajoutez-les au veau, avec la chapelure, l'œuf, la sauce soja et le saké. Mélangez de manière à obtenir un ensemble homogène.

■ Divisez en 12 parts. Avec chacune, formez 3 boulettes que vous enfilerez sur chaque brochette.

■ Dans une casserole, réunissez les ingrédients de la sauce et faites légèremenr réduire 2 min.

■ Faites chauffer l'huile dans une poêle. Lorsqu'elle est chaude, ajoutez les brochettes. Laissez cuire à feu moyen, à couvert, pendant 6 min en les retournant régulièrement. Lorsque la viande est presque cuite, versez la sauce dessus.

■ Laissez cuire à découvert, à feu vif, pendant 2 min et servez lorsque la sauce devient épaisse. Assaisonnez avec du shichimi-tôgarashi.

POUR 4 PERSONNES
PRÉPARATION : 20 MIN
CUISSON : 10 MIN
MARINADE : 1 H
DIFFICULTÉ : FACILE
COÛT : RAISONNABLE

Poulet en habit de courgette et d'aubergine

- *400 g de filet de poulet*
- *3 courgettes*
- *2 aubergines*
- *Le jus de 1 citron*
- *1 gousse d'ail*
- *4 branches de basilic*
- *6 cuil. à soupe d'huile d'olive*
- *Sel, poivre du moulin*

Matériel
- *Mandoline*
- *Piques en bois*

■ Coupez le poulet en cubes. Avec une mandoline, découpez les courgettes et les aubergines en lamelles de 3 mm d'épaisseur. Entourez-en les cubes de poulet. Formez les brochettes.

■ Préparez la marinade avec l'huile d'olive, l'ail pressé, le basilic ciselé et le jus de citron. Salez et poivrez. Faites mariner les brochettes 1 h au frais.

■ Passez les brochettes sous le gril du four, 5 min de chaque côté. Ensuite, nappez chacune de 1 cuil. de marinade.

POUR 4 PERSONNES
PRÉPARATION : 15 MIN
CUISSON : 8 MIN
DIFFICULTÉ : FACILE
COÛT : CHER

Brochettes de boulettes de veau à la pistache

- *400 g de haché de veau*
- *1 citron bio*
- *½ bouquet de coriandre*
- *1 oignon*
- *1 gousse d'ail*
- *2 cuil. à soupe de pistaches nature*
- *Huile d'olive*
- *Huile de pistache*
- *Sel, poivre du moulin*

Matériel

- *Piques en bois*

Épluchez et émincez l'oignon. Faites-le revenir quelques minutes dans une sauteuse avec un peu d'huile d'olive et réservez.

Épluchez et pressez l'ail. Rincez le citron. Prélevez le zeste et récupérez le jus. Rincez la coriandre et ciselez-la finement. Mixez grossièrement les pistaches. Dans un grand plat, mélangez le veau, l'oignon, l'ail, le zeste de citron finement haché, les pistaches et la coriandre. Salez et poivrez. Formez des petites boulettes que vous piquerez sur les piques en bois.

Faites chauffer un peu d'huile d'olive dans une poêle et faites dorer les brochettes quelques minutes. Retournez-les régulièrement pour une cuisson homogène. Juste avant de servir, versez un filet d'huile de pistache et quelques gouttes de jus de citron sur les brochettes.

CONSEILS

Utilisez l'huile de pistache avec parcimonie, car elle est très parfumée. Une salade d'herbes aromatiques (persil plat, menthe, ciboulette, cerfeuil, etc.) accompagnera à merveille ces brochettes d'inspiration orientale.

POUR 6 PERSONNES
PRÉPARATION : 25 MIN
CUISSON : 20 MIN
DIFFICULTÉ : FACILE
COÛT : RAISONNABLE

Minikeftas de poulet au citron

- *3 blancs de poulet hachés*
- *1 petit oignon rouge*
- *2 branches de coriandre fraîche*
- *1 œuf*
- *1 cuil. à soupe de farine*
- *1 cuil. à café de miel liquide*
- *½ citron confit au sel*
- *1 cuil. à café de harissa*
- *6 cuil. à soupe d'huile d'olive*
- *Sel, poivre*

Matériel

- *Piques en bois*

Hachez l'oignon et le citron confit. Faites fondre l'oignon 5 min dans une casserole, dans la moitié de l'huile d'olive. Une fois fondu, ajoutez le citron, le miel et la harissa, laissez cuire de 6 à 8 min à feu moyen, jusqu'à ce que ce soit légèrement caramélisé.

Dans un récipient, mélangez cette préparation avec le poulet haché, l'œuf, la farine, la coriandre hachée, du sel et du poivre. Roulez la farce avec vos mains autour des brochettes en serrant bien.

Faites chauffer le reste de l'huile d'olive dans une poêle et mettez les minikeftas à cuire, à feu moyen, pendant 8 à 10 min en les tournant régulièrement.

VARIANTES

Vous pouvez remplacer le poulet par de la viande d'agneau ou de porc hachée, et le citron par du cumin, du carvi ou du gingembre.

POUR 4 PERSONNES
PRÉPARATION : 20 MIN
CUISSON : 18 MIN
REPOS : 4 H 30
DIFFICULTÉ : FACILE
COÛT : CHER

Ris de veau sur brochettes de réglisse

- *2 ris de veau de 350 g chacun*
- *5 fins bâtons de réglisse*
- *30 g de beurre*
- *25 cl de fond de veau*
- *Sel, poivre*

■ Faites tremper les ris de veau dans une grande bassine d'eau fraîche pendant 4 h. Avec un taille-crayon ou un couteau, affûtez la pointe de 4 bâtons de réglisse. Coupez le cinquième en petits morceaux que vous laisserez infuser 30 min dans le fond de veau.

■ Découpez chaque ris de veau en deux dans la longueur et embrochez-les sur les bâtons de réglisse. Faites frémir une grande casserole d'eau et plongez-y les brochettes durant 5 min. Débarrassez les ris de veau de toutes leurs impuretés, mais laissez la pellicule qui les enveloppe. Épongez-les et laissez refroidir.

■ Dans une poêle, faites fondre le beurre et faites dorer les ris de veau doucement sur tous les côtés pendant 12 min. Salez et poivrez. Réservez les brochettes au chaud. Déglacez la poêle qui a servi à la cuisson des ris avec le fond de veau à la réglisse. Laissez frémir la sauce 3 min et passez au chinois avant de dresser les brochettes avec leur jus de réglisse.

CONSEILS

Si vous désirez apporter une pointe d'acidité à la sauce, ajoutez un filet de vinaigre balsamique. Servez ces brochettes avec une purée de topinambours et/ou une jardinière de légumes.

POUR 4 PERSONNES
PRÉPARATION : 10 MIN
CUISSON : 15 MIN
MARINADE : 20 MIN
DIFFICULTÉ : FACILE
COÛT : RAISONNABLE

Brochettes de porc et kumquats

- *600 g d'échine de porc*
- *12 kumquats*
- *2 tiges vertes d'oignon frais*
- *4 cuil. à soupe de sirop d'érable*
- *4 cuil. à soupe de sauce soja*
- *4 cuil. à soupe d'huile d'olive*

Matériel
- *Piques en bois*

■ Rincez et épongez les kumquats. Découpez-les en deux. Coupez l'échine de porc en morceaux. Rincez les tiges vertes d'oignon et émincez-les finement.

■ Pour la marinade, mélangez l'huile d'olive, le sirop d'érable, la sauce soja et les tiges vertes d'oignon. Faites-y mariner les morceaux de porc 20 min au frais.

■ Piquez en alternance morceaux de porc et kumquats, et placez les brochettes sous le gril du four chaud pendant 15 min. Retournez-les régulièrement afin de les faire dorer sur toutes leurs faces.

POUR 4 PERSONNES
PRÉPARATION : 10 MIN
CUISSON : 4 MIN
MARINADE : 20 MIN
DIFFICULTÉ : FACILE
COÛT : UN PEU CHER

Brochettes de canard à la mangue

- *2 magrets de canard*
- *2 mangues mûres et fermes*
- *2 cuil. à soupe d'huile de sésame*
- *2 cuil. à soupe d'huile d'olive*
- *2 cuil. à soupe de graines de sésame blond*
- *3 cuil. à soupe de sirop d'agave*
- *2 cuil. à soupe de sauce soja*

Matériel

- *Piques en bois*
- *Film alimentaire*

■ Retirez la plus grande partie du gras des magrets et découpez-les en morceaux.

■ Dans un grand plat, réunissez et mélangez les huiles, le sirop d'agave, le sésame et la sauce soja. Faites-y mariner les morceaux de canard 20 min au frais, protégés par un film alimentaire.

■ Épluchez la mangue et découpez-la en gros cubes. Sur des brochettes, piquez des morceaux de canard et de mangue en alternance. Faites cuire sous le gril du four pendant 4 min.

POUR 4 PERSONNES
PRÉPARATION : 10 MIN
CUISSON : 6 MIN
MARINADE : 2 H
DIFFICULTÉ : TRÈS FACILE
COÛT : CHER

Brochettes de saumon grillé au jus d'agrumes

- *400 g de saumon en pavés*

Pour la marinade
- *2,5 cl de jus de citron*
- *2,5 cl de jus d'orange*
- *6 cl de sauce soja*
- *6 cl de mirin*
- *6 cl de saké*

Matériel
- *Piques en bois*

■ Découpez le saumon en bouchées et enfilez-les sur les piques en bois.

■ Réunissez tous les ingrédients de la marinade dans un plat et faites-y mariner les brochettes. Laissez reposer au frais pendant 2 h.

■ Faites cuire les brochettes 3 min de chaque côté dans un four à 180 °C (th. 6).

VARIANTE

Le poulet convient également à ce type de marinade.

POUR 4 PERSONNES
PRÉPARATION : 20 MIN
CUISSON : 15 MIN
DIFFICULTÉ : FACILE
COÛT : UN PEU CHER

Brochettes de canard façon mendiants

- *2 beaux magrets de canard*
- *1 cuil. à soupe de noisettes*
- *1 cuil. à soupe de pistaches nature*
- *1 cuil. à soupe d'amandes*
- *2 échalotes*
- *200 g de figues sèches moelleuses*
- *15 cl de vin blanc*
- *Beurre*

Matériel

- *Piques en bois*

■ Préparez la viande en retirant une partie du gras. Incisez la peau en formant de petits croisillons et coupez la viande en cubes. Dans un petit hachoir, mixez grossièrement les noisettes, les pistaches et les amandes.

■ Épluchez et émincez les échalotes. Équeutez les figues et coupez-les en petits morceaux. Faites revenir les échalotes dans un petit peu de beurre, ajoutez les figues puis, après 2 min, le vin blanc. Laissez frémir sur le feu 10 min, mixez très finement et réservez.

■ Roulez les morceaux de viande, côté chair, dans le mélange de fruits secs. Montez les brochettes et enfournez pour 5 min. Présentez les brochettes accompagnées de la sauce aux figues.

CONSEIL

Soyez vigilant à la cuisson du canard, qui doit rester rosé.

ACCOMPAGNEMENT

Présentez une purée de panais pour accompagner ces mendiants de canard.

POUR 4 PERSONNES
PRÉPARATION : 20 MIN
CUISSON : 6 MIN
DIFFICULTÉ : TRÈS FACILE
COÛT : RAISONNABLE

Kushi-katsu

- *500 g de côte de porc sans os, en tranches de 1 cm*
- *2 gros oignons*
- *2 œufs*
- *Farine*
- *Chapelure*
- *Huile pour friture*
- *1 citron*
- *Sauce Bull-Dog*
- *Sel, poivre*

Matériel
- *8 « kushi », brochettes en bois ou en bambou de 15 cm*

Épluchez et découpez chaque oignon en huit. Découpez le porc en morceaux de la taille d'une bouchée. Composez les brochettes en commençant par un morceau de porc et alternez avec un bloc d'oignon. Sur une pique de 15 cm, il faut 3 morceaux de porc et 2 d'oignon. Salez et poivrez.

Préparez 3 assiettes creuses. Dans la première, versez de la farine, dans la deuxième, battez les œufs et, enfin, dans la dernière, versez de la chapelure.

Trempez les brochettes tour à tour dans la farine, puis dans l'œuf et enfin dans la chapelure.

Pendant ce temps, faites chauffer l'huile de friture à 180 °C. Jetez un croûton de pain dans l'huile ; s'il remonte avant de toucher le fond, vous pouvez commencer à faire cuire vos brochettes.

Laissez cuire les brochettes 6 min jusqu'à ce qu'elles soient bien dorées. Égouttez, sur du papier absorbant, ajoutez un trait de citron et un peu de sauce Bull-Dog.

CONSEIL

Vous trouverez la sauce Bull-Dog dans les épiceries japonaises.

POUR 4 PERSONNES
PRÉPARATION : 20 MIN
CUISSON : 3 MIN
MARINADE : 1 H
DIFFICULTÉ : FACILE
COÛT : UN PEU CHER

Brochettes filantes bœuf-fromage

- *16 fines tranches de carpaccio de bœuf*
- *24 gros dés d'emmental de 1,5 cm de côté*

Pour la marinade
- *3 cuil. à soupe de sauce soja*
- *1 cuil. à soupe de miel liquide*
- *1 cuil. à soupe de sucre roux*
- *1 cuil. à café de citron vert*
- *1 cuil. à café de mirin*
- *1 cuil. à café de saké*
- *1 pincée de sanshô*

Matériel
- *8 « kushi », brochettes en bois ou en bambou de 15 cm*

Dans une petite casserole, mélangez à feu doux tous les ingrédients de la marinade, excepté le saké, jusqu'à ce que le sucre soit dissous. Faites frémir à feu doux pendant 5 min. Lorsque la consistance est devenue plus épaisse, ajoutez le saké. Laissez refroidir avant de vous en servir comme marinade.

Commencez à garnir les brochettes en piquant 3 dés de fromage par bâtonnet. Drapez ces dés de 2 tranches de bœuf en prenant soin de ne laisser aucun interstice pour éviter une fuite de fromage pendant la cuisson ! Déposez les brochettes à mariner pendant 1 h au réfrigérateur, dans un plat recouvert d'un film alimentaire.

Pour la cuisson, quelques minutes sous le gril suffisent, soyez très vigilant !

CONSEILS

On peut trouver cette sauce dans les épiceries japonaises. Vous pouvez remplacer le carpaccio de bœuf par de fines tranches de veau et intercaler 1 feuille de sauge entre le fromage et la viande.

POUR 4 PERSONNES
PRÉPARATION : 15 MIN
CUISSON : 8 MIN
DIFFICULTÉ : FACILE
COÛT : UN PEU CHER

Ballotins de joues de cabillaud à la pancetta

- *600 g de petites joues de cabillaud*
- *12 tranches de pancetta*
- *12 feuilles de sauge*
- *Huile d'olive*

Matériel

- *Piques en bois*

Rincez et essorez les feuilles de sauge. Rincez et essuyez les joues de cabillaud.

Placez une petite feuille de sauge sur une joue de cabillaud et emballez ces deux ingrédients dans une tranche de pancetta. Piquez le tout sur une brochette. Comptez 3 ballotins par brochette.

Faites chauffer un peu d'huile d'olive dans une grande sauteuse et laissez cuire les brochettes 4 min de chaque côté.

POUR 4 PERSONNES
PRÉPARATION : 20 MIN
CUISSON : 40 MIN
DIFFICULTÉ : FACILE
COÛT : CHER

Noix de saint-jacques sur citronnelle

- *12 noix de saint-jacques*
- *1 morceau de gingembre d'environ 30 g*
- *5 bâtons de citronnelle*
- *5 cuil. à soupe de vinaigre de riz*
- *5 cuil. à soupe de mirin*
- *1 orange bio*
- *1 cuil. à soupe d'huile d'olive*
- *1 cuil. à soupe de graines de sésame noir*

■ Épluchez les bâtons de citronnelle en enlevant les premières peaux extérieures et en coupant les extrémités. Émincez l'une de ces tiges en fines lamelles, qui seront utilisées pour préparer la sauce. Réservez les autres pour les brochettes. Épluchez le gingembre et râpez-en la moitié. Dans une petite casserole, réunissez le gingembre râpé, la citronnelle émincée, le vinaigre de riz et le mirin. Faites cuire à feu doux 30 min.

■ Ensuite, prélevez le zeste de l'orange et coupez sa chair à vif, en petites lamelles. Émincez la seconde moitié du morceau de gingembre. Ajoutez-le à l'orange dans la casserole pour 5 min supplémentaires de cuisson.

■ Rincez et essuyez les noix de saint-jacques. Débarrassez-les du corail si besoin. Enfilez-les sur les bâtons de citronnelle. Dans une poêle antiadhésive, faites chauffer l'huile d'olive et faites cuire les brochettes 2 min de chaque côté. Présentez les brochettes accompagnées de leur sauce et parsemez-les de graines de sésame.

POUR 4 PERSONNES
PRÉPARATION : 20 MIN
CUISSON : 4 MIN
DIFFICULTÉ : FACILE
COÛT : UN PEU CHER

Brochette de maquereaux à l'orientale

- 6 filets de maquereau
- 1 bouquet de coriandre
- 10 feuilles de menthe
- 3 gousses d'ail
- Le zeste de ½ citron vert
- 1 cuil. à café de paprika
- 1 œuf
- Huile d'olive
- Sel

Matériel
- Piques en bois

■ Rincez, essorez et ciselez les herbes. Mixez les filets de poisson et mélangez avec les gousses d'ail pressées, le zeste de citron, le paprika, l'œuf et les herbes.

■ Salez et formez des petites boulettes que vous piquerez par 3 sur des brochettes.

■ Faites chauffer une poêle avec un peu d'huile d'olive et faites dorer les boulettes 2 min par face.

CONSEIL

Demandez à votre poissonnier de lever les filets des maquereaux et d'en retirer la peau.

ACCOMPAGNEMENT

Présentez ces brochettes avec des feuilles de roquette et un verre de gaspacho.

POUR 4 PERSONNES
PRÉPARATION : 20 MIN
CUISSON : 35 MIN
REPOS : 1 H
DIFFICULTÉ : FACILE
COÛT : CHER

Roulades d'espadon au basilic et aux olives

- *4 tranches d'espadon, fines comme des escalopes*
- *1 kg de tomates bien mûres*
- *2 échalotes*
- *12 olives vertes dénoyautées*
- *1 cuil. à soupe de câpres au sel*
- *4 branches de basilic*
- *Le jus de 1 citron*
- *40 g de chapelure*
- *2 gousses d'ail*
- *15 cl de vin blanc*
- *Huile d'olive*
- *Sel, poivre du moulin*

Matériel

- *Piques en bois*
- *Pinceau*

■ Préchauffez le four à 200 °C (th. 6-7). Coupez les tranches d'espadon en deux et badigeonnez-les d'huile d'olive. Réservez au frais 1 h.

■ Pelez et épépinez les tomates. Coupez-les en petits morceaux. Émincez les échalotes. Dans une sauteuse, faites-les revenir sans les dorer avec 1 cuil. à soupe d'huile d'olive et 1 gousse d'ail écrasée. Ajoutez les tomates et le vin. Salez et poivrez. Faites cuire à couvert et à petit feu pendant 15 min.

■ Émincez les olives, les câpres et les feuilles de basilic. Versez dans un saladier, et ajoutez-y 1 gousse d'ail pressée, la chapelure, le jus du citron et 2 cuil. à soupe d'huile d'olive. Salez et poivrez.

■ Répartissez la pâte ainsi obtenue au centre de chaque morceau d'espadon. Formez des rouleaux et fermez-les avec de petites piques.

■ Dans une sauteuse, faites revenir ces rouleaux dans 2 cuil. à soupe d'huile d'olive sur feu vif pendant 3 min. Placez-les dans un plat avec la sauce à la tomate et enfournez pendant 15 min.

POUR 4 PERSONNES
PRÉPARATION : 20 MIN
CUISSON : 6 MIN
DIFFICULTÉ : FACILE
COÛT : CHER

Piques de langoustines au beurre d'orange

- *12 langoustines*
- *Le jus de 1 orange*
- *1 cuil. à soupe d'amandes*
- *120 g de beurre*
- *1 cuil. à café de mélange quatre-épices*
- *1 cuil. à café de gingembre en poudre*
- *Huile de pépins de raisin*

Matériel

- *Piques en bois*

■ Préchauffez le four à 180 °C (th. 6). Faites réduire le jus d'orange sur feu doux. Hachez les amandes. Travaillez le beurre en pommade avec le mélange quatre-épices, le gingembre, les amandes et le jus d'orange jusqu'à homogénéisation.

■ Décortiquez les langoustines et piquez-les par trois sur une brochette. Badigeonnez-les d'huile. Enfournez 6 min. Puis recouvrez-les d'une noisette de beurre d'orange.

POUR 4 PERSONNES
PRÉPARATION : 15 MIN
CUISSON : 6 MIN
MARINADE : 8 H
DIFFICULTÉ : FACILE
COÛT : CHER

Brochettes de crevettes aux herbes

- *24 grosses crevettes crues décortiquées*
- *8 feuilles de laurier*
- *½ bouquet de basilic*
- *⅓ de bouquet de persil plat*
- *2 branches de thym frais*
- *2 gousses d'ail*
- *Le jus de 1 citron*
- *5 cuil. à soupe d'huile d'olive*
- *Sel, poivre du moulin*

Matériel

- *Piques en bois*
- *Film alimentaire*
- *Pinceau*

Rincez et séchez les herbes aromatiques. Ciselez le basilic, le persil plat et le thym. Placez les herbes et le jus de citron dans un grand plat. Ajoutez l'huile d'olive et l'ail écrasé. Salez et poivrez. Mélangez. Faites-y mariner les crevettes durant 8 h, au frais, sous un film alimentaire.

Composez les brochettes en piquant 6 crevettes marinées et 2 feuilles de laurier par pique. Avec un pinceau, étalez l'huile de marinade sur les brochettes. Cuisez sous le gril du four, 3 min de chaque côté.

POUR 4 PERSONNES
PRÉPARATION : 10 MIN
CUISSON : 8 MIN
MARINADE : 1 H
DIFFICULTÉ : FACILE
COÛT : UN PEU CHER

Brochettes de calamars au citron vert

- 8 calamars
- Le jus de 2 citrons verts
- 2 gousses d'ail
- 15 cl d'huile d'olive + un peu pour la cuisson
- 4 pincées de fleur de sel

Matériel
- Piques en bois

■ Nettoyez les calamars et coupez-les en larges bandes. Faites-les mariner dans l'huile d'olive avec les gousses d'ail pressées et la fleur de sel. Réservez au frais 1 h.

■ Composez des brochettes en faisant onduler les lanières de calamars sur les piques. Faites chauffer un peu d'huile d'olive dans une poêle et cuisez les brochettes 4 min de chaque côté.

■ Juste avant de servir, versez un filet de jus de citron sur les calamars.

VARIANTE

Procédez de la même manière avec des pavés de thon ou d'espadon découpés en cubes. Veillez alors à écourter la cuisson.

POUR 4 PERSONNES
PRÉPARATION : 15 MIN
CUISSON : 20 MIN
DIFFICULTÉ : FACILE
COÛT : CHER

Brochettes de lotte aux tomates

- *700 g de lotte*
- *6 belles tomates*
- *1 morceau de gingembre de 4 cm*
- *1 gousse d'ail*
- *1 citron vert bio*
- *5 cl de lait de coco*
- *3 cuil. à soupe d'huile d'olive*
- *Sel, poivre*

Matériel

- *Piques en bois*
- *Pinceau*

■ Pelez et épépinez les tomates. Concassez la chair en petits morceaux.

■ Épluchez le gingembre et l'ail. Dans une sauteuse, faites revenir l'ail écrasé avec 1 cuil. à soupe d'huile d'olive. Ajoutez les tomates et le gingembre préalablement râpé. Salez et poivrez. Faites mijoter la sauce à feu doux 15 min. Ajoutez le lait de coco et le zeste de citron 5 min avant la fin de la cuisson.

■ Découpez la lotte en cubes. Enfilez-les sur les piques. Badigeonnez d'huile. Faites cuire sous le gril du four 6 min en retournant les piques à mi-cuisson. Servez avec la sauce.

CONSEIL

Surveillez bien la cuisson du poisson pour éviter qu'il ne se dessèche.

ACCOMPAGNEMENT

Préparez une timbale de riz parfumé au lait de coco pour accompagner ces brochettes.

POUR 4 PERSONNES
PRÉPARATION : 10 MIN
CUISSON : 4 MIN
MARINADE : 30 MIN
DIFFICULTÉ : TRÈS FACILE
COÛT : RAISONNABLE

Cubes de thon au curry

- *4 pavés de thon de 150 g*
- *4 cuil. à soupe de curry de Madras*
- *Le jus de 2 citrons verts*
- *4 cuil. à soupe d'huile d'olive*
- *Feuilles de coriandre*

Matériel
- *Piques en bois*
- *Film alimentaire*

■ Découpez le thon en cubes. Dans un saladier, versez le jus de citron, ajoutez le curry, l'huile d'olive et les morceaux de thon. Mélangez et laissez mariner au frais 30 min sous un film alimentaire.

■ Sous le gril du four, faites cuire les brochettes 2 min de chaque côté. À la sortie du four, ciselez quelques feuilles de coriandre au-dessus des brochettes.

VARIANTE

Vous pouvez remplacer le thon par des pavés d'espadon.

ACCOMPAGNEMENT

Une salade d'avocats accompagne idéalement ces brochettes de thon.

POUR 4 PERSONNES
PRÉPARATION : 15 MIN
CUISSON : 3 MIN
MARINADE : 1 H
DIFFICULTÉ : FACILE
COÛT : RAISONNABLE

Brochettes de supions pimentés

- *1 kg de supions*
- *½ bouquet de persil plat*
- *5 pincées de piment d'Espelette*
- *1 cuil. à soupe de paprika*
- *5 pincées de cumin*
- *2 gousses d'ail*
- *2 cuil. à soupe de vinaigre balsamique*
- *2 cuil. à soupe d'huile d'olive*
- *Sel, poivre du moulin*

Matériel

- *Piques en bois*

Nettoyez les supions : en faisant une incision, retirez le petit os plat et la poche d'encre qui se trouvent à l'intérieur. Débarrassez les supions de la petite peau qui les recouvre. Rincez les supions à l'eau fraîche et épongez-les soigneusement. Piquez les supions sur des brochettes.

Épluchez et hachez l'ail. Rincez et ciselez le persil. Dans un plat, mélangez les épices, l'ail, le persil, l'huile d'olive et le vinaigre balsamique. Salez et poivrez. Faites mariner les brochettes dans ce mélange pendant 1 h. Retournez régulièrement les piques pour que la marinade enrobe bien les supions.

Idéalement, faites griller ces brochettes pendant 3 min sur une plancha ; à défaut, une grille de barbecue ou le gril d'un four feront l'affaire.

CONSEIL

Veillez à ne pas prolonger la cuisson de ces brochettes; les supions risqueraient de devenir caoutchouteux.

POUR 6 PERSONNES
PRÉPARATION : 15 MIN
REPOS : 4 H
DIFFICULTÉ : FACILE
COÛT : BON MARCHÉ

Fromage blanc à la ciboulette

- *1 faisselle de 500 g*
- *½ botte de ciboulette*
- *4 cuil. à soupe d'huile d'olive*
- *1 pincée de fleur de sel*
- *Poivre*

■ Retirez le fromage de son pot en le laissant dans l'égouttoir. Laissez-le ensuite à l'air libre dans une assiette pendant 4 h afin qu'il perde un peu d'eau.

■ Hachez la ciboulette. Dans un petit saladier, versez le fromage blanc, la ciboulette, la fleur de sel, du poivre et l'huile d'olive. Mélangez bien et conservez au frais.

VARIANTE

Pour plus de goût, utilisez du caillé de brebis ou de chèvre que vous pourrez trouver dans les épiceries bio.

ACCOMPAGNEMENT

Des bâtonnets de légumes (cœurs de palmier, tomates cerises, chou-fleur, concombre, céleri branche, carottes, radis rose, radis noir, radis blanc, rondelles d'oignon rouge, etc.).

POUR 6 PERSONNES
PRÉPARATION : 25 MIN
DIFFICULTÉ : FACILE
COÛT : RAISONNABLE

Tapenade noire ou verte

Pour la tapenade noire

- *100 g d'olives noires à la grecque dénoyautées*
- *100 g d'olives noires au naturel dénoyautées*
- *1 cuil. à soupe de câpres*
- *3 anchois au sel*
- *¼ de citron*
- *8 cuil. à soupe d'huile d'olive*
- *Poivre*

Pour la tapenade verte

- *200 g d'olives vertes au naturel dénoyautées*
- *2 cuil. à soupe de pignons de pin*
- *1 cuil. à soupe de câpres*
- *3 anchois au sel*
- *4 brins de basilic*
- *¼ de citron*
- *8 cuil. à soupe d'huile d'olive*
- *Poivre*

■ Préparez la tapenade noire. Pressez le citron. Dans le bol du mixeur, rassemblez tous les ingrédients et actionnez le robot jusqu'à obtention d'une purée assez fine et homogène.

■ Préparez ensuite la tapenade verte. Dans une poêle, faites griller les pignons de pin. Dès qu'ils commencent à colorer, coupez le feu et retirez-les de la poêle. Effeuillez le basilic.

■ Dans le bol du mixeur, rassemblez tous les ingrédients et actionnez le robot jusqu'à obtention d'une purée assez fine et homogène.

■ Dégustez avec des bâtonnets de légumes (cœurs de palmier, chou-fleur, céleri branche, carottes, radis rose, radis noir, radis blanc, rondelles d'oignon rouge…), des sommités de chou-fleur, du concombre que vous aurez mis dans du sel fin pendant 2 h, des tomates de toutes les couleurs, des pâtes cuites (du type conchiglione), des gressins ou des croûtons de pain frottés à l'ail. Si la tapenade est trop amère, ajoutez un peu de sel et d'huile d'olive.

POUR 6 PERSONNES
PRÉPARATION : 15 MIN
DIFFICULTÉ : FACILE
COÛT : RAISONNABLE

Eggs and cress

- *25 g de pousses d'alfalfa ou de cresson*
- *20 cl d'huile de pépins de raisin*
- *1 jaune d'œuf*
- *3 œufs durs*
- *Le jus de 1 citron*
- *1 cuil. à soupe de moutarde de Dijon*
- *Sel, poivre*

Matériel

- *Batteur électrique*

Dans un saladier, mélangez le jaune d'œuf et la moutarde. À l'aide d'un fouet ou d'un batteur électrique, montez la mayonnaise en versant l'huile au fur et à mesure. Assurez-vous que ce que vous venez de verser est complètement absorbé par l'œuf avant d'ajouter de l'huile. Ajoutez le jus du citron, du sel et du poivre.

Écalez et hachez grossièrement les œufs durs. Mélangez avec la mayonnaise et les pousses d'alfalfa ou de cresson et servez aussitôt.

ACCOMPAGNEMENT

Des asperges vertes et blanches.

POUR 6 PERSONNES
PRÉPARATION : 30 MIN
CUISSON : 1 H 50
DIFFICULTÉ : FACILE
COÛT : RAISONNABLE

Caviar d'aubergines

- *3 aubergines*
- *2 tomates*
- *6 anchois au sel hachés*
- *2 gousses d'ail hachées*
- *4 cuil. à soupe d'huile d'olive*
- *Sel, poivre*

■ Préchauffez le four à 200 °C (th. 6-7). Piquez les aubergines avec une fourchette. Posez-les sur une grille, puis enfournez-les pour 1 h 30.

■ Sortez les aubergines du four. La peau doit avoir noirci et être fripée. Coupez-les en deux. À l'aide d'une cuillère, retirez la chair et hachez-la. La peau peut être jetée.

■ Ébouillantez les tomates pendant 30 s, épluchez-les puis hachez-les. Dans une casserole, faites revenir l'ail haché avec l'huile d'olive. Ajoutez les tomates, les aubergines et les anchois. Faites cuire le tout à feu doux pendant 15 à 20 min. Assaisonnez, puis laissez refroidir.

CONSEILS

Dégustez avec des pains pita, des foccacias, des fougasses… ou tout simplement de la baguette. C'est une recette provençale, mais que l'on retrouve dans tout le bassin méditerranéen. Vous pouvez y ajouter un peu de basilic, de persil ou de cerfeuil. La version libanaise du caviar d'aubergines est également délicieuse. Pour la réaliser, laissez les aubergines cuire 2 h au four. Hachez ensuite la chair avec 1 gousse d'ail, le jus de 1 citron, du sel, du poivre et 2 cuil. à soupe de tehine, une crème de sésame que vous trouverez dans les épiceries orientales.

POUR 6 PERSONNES
PRÉPARATION : 15 MIN
CUISSON : 35 MIN
DIFFICULTÉ : FACILE
COÛT : RAISONNABLE

Dip de tomates aux câpres

- *1 oignon rouge*
- *6 tomates bien mûres*
- *2 cuil. à soupe de câpres*
- *2 cuil. à soupe de vinaigre balsamique*
- *4 cuil. à soupe d'huile d'olive*
- *1 cuil. à café de sucre*
- *Sel, poivre*

Matériel

- *Écumoire*

■ Épluchez l'oignon rouge, puis coupez-le en petits dés. À l'aide d'un couteau, incisez la base des tomates et retirez le pédoncule.

■ Dans une casserole remplie d'eau bouillante, plongez les tomates pendant 1 min. Avec une écumoire, sortez-les de la casserole, puis rafraîchissez-les sous l'eau froide. Épluchez, puis hachez les tomates.

■ Dans une casserole, faites chauffer l'huile d'olive, puis ajoutez l'oignon haché. Laissez cuire 5 min tout en remuant fréquemment. Lorsque les oignons deviennent translucides, versez le vinaigre balsamique et le sucre. Laissez réduire, puis versez les tomates et laissez cuire à feu moyen pendant 30 min.

■ Égouttez les câpres et pressez-les dans du papier absorbant afin de retirer l'excédent de vinaigre. Lorsque la sauce est bien épaisse, éteignez le feu. Ajoutez les câpres et vérifiez l'assaisonnement. Laissez refroidir avant de servir.

ACCOMPAGNEMENT

Des bâtonnets de poulet grillé. Vous pouvez ajouter un peu de bulbe de fenouil haché en même temps que l'oignon. Vous pouvez remplacer le sucre par 1 cuil. à café de ketchup.

POUR 6 PERSONNES
PRÉPARATION : 10 MIN
DIFFICULTÉ : FACILE
COÛT : RAISONNABLE

Dip de tomates confites

- *20 pétales de tomates confites*
- *2 cuil. à soupe de pignons de pin*

Matériel

- *Robot mixeur*

■ Égouttez rapidement les tomates confites, puis mettez-les dans le bol d'un mixeur. Actionnez le robot jusqu'à obtenir une purée homogène.

■ Dans une poêle, faites griller les pignons de pin à sec. Dès qu'ils commencent à dorer, retirez-les immédiatement de la poêle. Ajoutez-les à la purée de tomates confites.

ACCOMPAGNEMENT

Des gressins entourés de charcuterie. Si vous ne trouvez pas de tomates confites, vous pouvez utiliser des tomates séchées.

POUR 6 PERSONNES
PRÉPARATION : 2 MIN
CUISSON : 10 MIN
RÉFRIGÉRATION : 2 H
DIFFICULTÉ : FACILE
COÛT : RAISONNABLE

Crème de roquefort

- *150 g de roquefort*
- *150 g de crème liquide*

■ Coupez le roquefort en petits morceaux et mettez-les dans une casserole. Ajoutez la crème. Portez le tout à ébullition et laissez cuire à petits bouillons pendant 10 min en fouettant de temps en temps.

■ Versez la crème dans un joli bol ou un joli pot et entreposez au réfrigérateur pendant 2 h afin de la faire figer.

CONSEIL

Ne choisissez pas un roquefort de mauvaise qualité car la crème aura du mal à prendre.

ACCOMPAGNEMENT

Des bâtonnets de légumes (cœurs de palmier, tomates cerises, chou-fleur, concombre, céleri branche, carottes, radis rose, radis noir, radis blanc, rondelles d'oignon rouge, etc.).

POUR 6 PERSONNES
PRÉPARATION : 10 MIN
CUISSON : 20 MIN
REPOS : 4 H
DIFFICULTÉ : FACILE
COÛT : CHER

Crème de foie gras

- *100 g de foie gras mi-cuit*
- *10 cl de lait*
- *2 jaunes d'œufs*
- *Sel, poivre*

Matériel

- *Tamis*
- *Ramequins*

Dans une casserole, portez le lait à ébullition avec un peu de sel et de poivre. Hors du feu, ajoutez le foie gras coupé en petits morceaux et fouettez vigoureusement.

Ajoutez les jaunes d'œufs. Mélangez à nouveau, puis passez au tamis en versant la crème dans des ramequins. Placez ceux-ci dans un plat, ajoutez de l'eau à mi-hauteur et enfournez pendant 20 min à 200 °C (th. 6-7) au bain-marie. Laissez refroidir 4 h avant de servir.

ACCOMPAGNEMENT

Des gressins entourés de charcuterie.

POUR 6 PERSONNES
PRÉPARATION : 15 MIN
DIFFICULTÉ : FACILE
COÛT : RAISONNABLE

Dip tartare

- *1 cuil. à soupe de câpres*
- *½ botte de persil*
- *1 échalote*
- *8 petits cornichons*
- *1 jaune d'œuf*
- *1 cuil. à soupe de moutarde de Dijon*
- *½ citron jaune non traité*
- *20 cl d'huile de pépins de raisin*
- *Moulin à poivre aux 5 baies*
- *Sel*

Matériel

- *Batteur électrique*

Dans un saladier, mélangez le jaune d'œuf et la moutarde. À l'aide d'un fouet ou d'un batteur électrique, montez la mayonnaise en versant l'huile au fur et à mesure. Assurez-vous que l'huile est complètement absorbée avant d'en reverser.

Pressez le demi-citron et ajoutez le jus à la mayonnaise ainsi qu'un peu de sel et du poivre aux 5 baies.

Épluchez et hachez le persil et l'échalote. Hachez aussi les cornichons et les câpres et ajoutez tous ces ingrédients dans la mayonnaise. Mélangez bien et gardez au frais jusqu'au moment de servir.

VARIANTES

Pour obtenir une sauce plus originale, ajoutez 1 cuil. à café de sauce soja. Vous pouvez remplacer le persil par de l'estragon, de la coriandre ou du cerfeuil haché.

ACCOMPAGNEMENT

Des asperges vertes et blanches.

POUR 6 PERSONNES
PRÉPARATION : 15 MIN
DIFFICULTÉ : FACILE
COÛT : RAISONNABLE

Dip mousseline au citron et miettes de jambon

- *2 tranches de jambon sec espagnol*
- *1 jaune d'œuf*
- *1 blanc d'œuf*
- *½ citron jaune*
- *1 cuil. à soupe de moutarde de Dijon*
- *20 cl d'huile de pépins de raisin*
- *Moulin à poivre aux 5 baies*
- *Sel*

Matériel

- *Batteur électrique*

■ Dans un saladier, mélangez le jaune d'œuf et la moutarde. À l'aide d'un fouet ou d'un batteur électrique, montez la mayonnaise en versant l'huile au fur et à mesure. Assurez-vous que l'huile est complètement absorbée avant d'en reverser.

■ Pressez le demi-citron et ajoutez le jus à la mayonnaise ainsi qu'un peu de sel et du poivre aux 5 baies. Montez le blanc d'œuf en neige et terminez en le mélangeant à la mayonnaise.

■ Coupez les tranches de jambon en tout petits bâtonnets et saupoudrez-en la sauce mousseline juste avant de servir.

VARIANTE

Vous pouvez également ajouter à cette sauce un peu de moutarde à l'ancienne ainsi que du cerfeuil ou encore de la ciboulette hachée.

ACCOMPAGNEMENT

Des asperges vertes et blanches.

POUR 6 PERSONNES
PRÉPARATION : 30 MIN
CUISSON : 30 MIN
DIFFICULTÉ : FACILE
COÛT : RAISONNABLE

Dip de poivrons aux amandes

- 2 oignons
- 3 poivrons rouges
- 4 tomates bien mûres
- 100 g d'amandes entières
- 1 pincée de thym frais et d'origan
- 10 cl d'huile d'olive
- Sel, poivre

Matériel
- Robot mixeur

Épluchez et hachez les oignons. Coupez les poivrons en deux, retirez les graines et les membranes blanches. Coupez en petits morceaux. Hachez les tomates.

Dans une casserole, versez la moitié de l'huile d'olive. Ajoutez les oignons et les poivrons, puis les tomates et laissez cuire à feu doux pendant 25 min. Salez et poivrez.

Dans une poêle, faites griller les amandes avec le reste d'huile. Versez sur les légumes. Éteignez le feu, ajoutez les herbes et mettez dans un mixeur. Laissez tourner 2 à 3 min.

ACCOMPAGNEMENT

Des crustacés.

POUR 6 PERSONNES
PRÉPARATION : 15 MIN
CUISSON : 5 MIN
DESSALAGE : 24 H
DIFFICULTÉ : FACILE
COÛT : RAISONNABLE

Féroce d'avocat

- *3 avocats mûrs*
- *200 g de morue salée*
- *150 g de farine de manioc*
- *1 petit piment vert haché*
- *Le jus de 1 citron vert*
- *2 cuil. à soupe d'huile végétale*
- *Sel, poivre*

Faites dessaler la morue dans de l'eau froide pendant 24 h en changeant l'eau fréquemment. Épongez le poisson et faites-le griller avec l'huile dans une poêle. Laissez tiédir. Émiettez ensuite la morue afin d'en retirer les arêtes.

Dans un bol, mélangez la chair des avocats avec la farine. Ajoutez la morue et écrasez bien afin d'obtenir une purée homogène. Ajoutez enfin le sel, le poivre, le jus de citron et le piment.

CONSEIL

Ajoutez le piment au fur et à mesure afin que votre féroce ne soit pas trop fort.

ACCOMPAGNEMENT

Des asperges.

POUR 6 PERSONNES
PRÉPARATION : 30 MIN
DIFFICULTÉ : FACILE
COÛT : RAISONNABLE

Dip d'avocat au concombre

- ½ concombre
- 1 avocat
- 1 citron vert
- 1 botte de coriandre
- 1 cuil. à café de chili powder
- Sel, poivre

Matériel
- Robot mixeur

■ Épluchez le demi-concombre et coupez-le en quatre dans le sens de la longueur. Retirez les graines. Épluchez l'avocat et pressez le citron.

■ Dans le bol du mixeur, mettez le concombre, le jus de citron, le chili powder, du sel et du poivre. Actionnez le robot 2 à 3 min afin d'obtenir une purée lisse et homogène. Effeuillez la coriandre et ajoutez-la juste avant de servir.

CONSEIL

Vous pouvez ajouter à cette sauce un peu de piment frais haché.

ACCOMPAGNEMENT

Des crevettes grillées, des fruits de mer ou d'autres crustacés.

POUR 6 PERSONNES
PRÉPARATION : 15 MIN
DIFFICULTÉ : FACILE
COÛT : RAISONNABLE

Dip de thon

- *1 boîte de thon au naturel de 200 g*
- *1 cuil. à café de câpres*
- *1 jaune d'œuf*
- *½ citron jaune*
- *2 pincées de curry*
- *1 cuil. à soupe de moutarde de Dijon*
- *20 cl d'huile de pépins de raisin*
- *Moulin à poivre aux 5 baies*
- *Sel*

Matériel

- *Batteur électrique*

■ Dans un saladier, mélangez le jaune d'œuf et la moutarde. À l'aide d'un fouet ou d'un batteur électrique, montez la mayonnaise en versant l'huile au fur et à mesure. Assurez-vous que l'huile est complètement absorbée avant d'en reverser. Pressez ensuite le demi-citron et ajoutez le jus à la mayonnaise avec un peu de sel et de poivre.

■ Égouttez le thon. Écrasez-le sur une assiette à l'aide d'une fourchette. Ajoutez alors les câpres et le curry.

■ Mélangez délicatement le thon et la mayonnaise pour ne pas obtenir un dip trop sec. Assaisonnez ensuite selon votre goût.

CONSEIL

Pour une version plus mousseuse, ajoutez à la mayonnaise 1 blanc d'œuf battu en neige.

ACCOMPAGNEMENT

Des gressins entourés de charcuterie comme des sucettes.

POUR 6 PERSONNES
PRÉPARATION : 10 MIN
DIFFICULTÉ : FACILE
COÛT : RAISONNABLE

Sauce vierge

- *2 tomates*
- *1 échalote*
- *1 cuil. à soupe d'olives noires dénoyautées*
- *¼ de citron*
- *10 cl d'huile d'olive*
- *½ botte de basilic*
- *Sel, poivre*

■ Dans une casserole, portez de l'eau à ébullition. Incisez la base des tomates avec la pointe d'un couteau, puis plongez-les pendant 1 min dans l'eau bouillante. Retirez-les à l'aide d'une écumoire.

■ Épluchez les tomates. Coupez-les en quatre et retirez-en les graines. Coupez ensuite la chair en petits dés. Épluchez et hachez l'échalote. Hachez les olives et les feuilles de basilic en les enroulant les unes dans les autres, puis en les coupant en fins bâtonnets. Pressez le quart de citron.

■ Dans un grand bol, mélangez les tomates, l'échalote, les olives et le basilic. Versez le jus de citron, l'huile d'olive, du sel et du poivre. Mélangez bien et gardez au frais.

VARIANTES

Si vous désirez corser cette sauce, vous pouvez y ajouter quelques câpres hachées ainsi que 2 anchois salés hachés. Vous pouvez remplacer la moitié du basilic par du persil plat.

ACCOMPAGNEMENT

Des bâtonnets de poisson cru.

POUR 6 PERSONNES
PRÉPARATION : 15 MIN
DIFFICULTÉ : FACILE
COÛT : RAISONNABLE

Guacamole

- *2 avocats mûrs*
- *1 petite tomate*
- *½ oignon rouge*
- *½ botte de coriandre*
- *1 cuil. à café de chili powder*
- *1 citron*
- *Sel, poivre*

Épluchez et hachez le demi-oignon rouge. Portez à ébullition une casserole d'eau et plongez-y la tomate pendant 1 min. Retirez-la de l'eau bouillante et mettez-la sous l'eau froide. Épluchez ensuite la tomate, coupez-la en quatre, retirez les graines et hachez la chair.

Effeuillez et hachez la coriandre grossièrement, de manière à ce qu'elle soit bien visible lorsqu'elle sera mélangée au guacamole.

Pressez le citron et versez le jus dans un bol. Épluchez les avocats et mettez immédiatement la chair dans le jus de citron. Écrasez l'avocat à l'aide d'une fourchette, puis ajoutez les tomates, la coriandre, l'oignon, le chili powder, un peu de sel et de poivre. Servez immédiatement.

ACCOMPAGNEMENT

Des brochettes de tomates cerise, cœurs de palmier et demi-rondelles de concombre, des minimaïs en conserve, des pointes d'asperges vertes cuites à l'eau, etc. Si vous le pouvez, préparez le guacamole à la dernière minute car il s'oxyde vite, même avec du citron. Vous pouvez également ajouter une pointe de piment frais, mais attention, cela « décolle » les papilles !

POUR 6 PERSONNES
PRÉPARATION : 15 MIN
DIFFICULTÉ : FACILE
COÛT : RAISONNABLE

Dip de pêches au gingembre

- *2 pêches jaunes*
- *1 pêche blanche*
- *2 cm de gingembre frais*
- *1 cuil. à soupe de sucre semoule*
- *2 cuil. à soupe de vin blanc sec*
- *1 pincée de sel*

■ Incisez la base des pêches et plongez-les dans l'eau bouillante pendant 1 min. À l'aide d'un couteau, épluchez-les, puis coupez-les en quartiers avant de les détailler en petits dés. Mélangez-les avec le sucre, le vin blanc et le sel.

■ Épluchez, puis râpez le plus finement possible le gingembre. Ajoutez-le aux pêches et gardez au frais avant de servir.

CONSEIL

Afin d'adoucir le goût du gingembre, vous pouvez le passer 1 à 2 min dans de l'eau bouillante avant de le hacher.

ACCOMPAGNEMENT

Des bâtonnets de poulet grillé.

POUR 6 PERSONNES
PRÉPARATION : 20 MIN
CUISSON : 30 MIN
REPOS : 30 MIN
DIFFICULTÉ : FACILE
COÛT : RAISONNABLE

Dip de piment, citron, coriandre et poivron

- *2 poivrons rouges*
- *½ oignon rouge*
- *3 piments rouges*
- *1 gousse d'ail*
- *1 citron vert*
- *1 botte de coriandre*
- *10 cl d'huile d'olive*
- *1 cuil. à soupe de vinaigre de xeres*
- *Sel, poivre*

Matériel

- *Film alimentaire*

Disposez les poivrons dans un plat et mettez-les sous le gril du four. Lorsqu'ils deviennent noirs d'un côté, tournez-les. Répétez l'opération jusqu'à ce qu'ils soient complètement noircis. Sortez-les et emballez-les dans du film alimentaire. Laissez reposer 30 min.

Épluchez et hachez finement le demi-oignon et l'ail. Effeuillez et hachez la coriandre. Coupez les piments dans le sens de la longueur et retirez les graines et les membranes blanches. Hachez la chair. Pressez le citron.

Retirez les poivrons du film alimentaire et épluchez-les. Coupez-les en quatre, puis retirez les graines et les membranes blanches. Coupez-les ensuite en tout petits dés. Mélangez tous les ingrédients de la sauce et laissez refroidir avant de servir.

CONSEILS

Servez avec des crevettes grillées, des fruits de mer ou d'autres crustacés. Vous pouvez adoucir cette sauce en y ajoutant des dés de tomate. En ce qui concerne les piments, travaillez-les avec des gants en latex, cela vous évitera ainsi de mauvaises surprises. En effet, le piment reste longtemps sur les doigts et, si vous touchez vos lèvres ou vos yeux, il peut piquer.

POUR 6 PERSONNES
PRÉPARATION : 15 MIN
DIFFICULTÉ : FACILE
COÛT : RAISONNABLE

Dip de curry aux fruits

- *2 yaourts à la grecque*
- *2 rondelles d'ananas frais*
- *½ pomme golden*
- *Le jus de ½ citron vert*
- *1 cuil. à soupe de raisins secs*
- *1 cuil. à café de poudre de curry fort*
- *Sel, poivre*

Mettez les raisins secs dans un bol d'eau chaude. Laissez-les ainsi le temps de préparer la recette.

Épluchez la pomme et ôtez l'écorce de l'ananas, puis coupez-les en tout petits dés. Mélangez ces fruits avec la poudre de curry et le jus de citron vert.

Égouttez les raisins, puis mélangez-les avec les autres fruits, les yaourts, du sel et du poivre. Gardez au frais avant de servir.

CONSEILS

Vous pouvez également ajouter à ce curry de fruits de la banane, des poires ou encore des abricots secs.

ACCOMPAGNEMENT

Des bâtonnets de poulet grillé.

POUR 6 PERSONNES
PRÉPARATION : 10 MIN
DIFFICULTÉ : FACILE
COÛT : RAISONNABLE

Crème de chèvre à la ciboulette

- *1 fromage de chèvre frais (type Petit Billy)*
- *1 botte de ciboulette*
- *20 cl de crème liquide*
- *Poivre*

Matériel

- *Tamis*

■ Hachez la ciboulette. Dans un bol, écrasez le fromage de chèvre à la fourchette. Ajoutez peu à peu la crème liquide. Poivrez.

■ Passez la crème au travers d'un tamis afin de l'homogénéiser. Versez dans un bol et gardez au frais.

VARIANTE

Vous pouvez ajouter à cette sauce très simple quelques feuilles de menthe hachées.

ACCOMPAGNEMENT

Des bâtonnets de poisson cru.

POUR 6 PERSONNES
PRÉPARATION : 15 MIN
DIFFICULTÉ : FACILE
COÛT : RAISONNABLE

Raïta de radis à la coriandre

- *1 botte de radis*
- *1 botte de coriandre hachée*
- *1 petit piment vert*
- *2 yaourts de type velouté*
- *1 cm de gingembre frais*
- *Le jus de ½ citron vert*
- *1 pincée de sucre*
- *Sel, poivre*

Matériel
- *Tamis*
- *Robot mixeur*

Coupez le piment en deux dans le sens de la longueur et retirez les graines et les membranes blanches. Épluchez le gingembre. À l'aide d'un mortier ou d'un robot, réduisez le piment et le gingembre en purée fine.

Dans un bol, mélangez les yaourts, la pâte de gingembre, le jus de citron, du sel, le sucre et un peu de poivre. Nettoyez les radis, retirez-en les fanes, puis râpez-les. Disposez-les dans un tamis, pressez-les puis mélangez à la sauce. Servez très frais, saupoudré de coriandre hachée.

ACCOMPAGNEMENT

Des bâtonnets de poisson cru.

POUR 6 PERSONNES
PRÉPARATION : 15 MIN
REPOS : 2 H
DIFFICULTÉ : FACILE
COÛT : RAISONNABLE

Rougail

- 4 tomates
- 1 petit oignon nouveau
- 2 cm de gingembre frais
- ½ citron vert
- Sel, poivre

Matériel
- Robot mixeur
- Écumoire

■ À l'aide de la pointe d'un couteau, incisez la base des tomates. Portez de l'eau à ébullition dans une casserole. Plongez-y les tomates pendant 1 min avant de les retirer à l'aide d'une écumoire et de les éplucher.

■ Épluchez le gingembre. Pressez le demi-citron. Retirez le vert de l'oignon et passez le bulbe sous l'eau. Rassemblez tous les ingrédients dans le bol d'un mixeur avec un peu de sel et de poivre. Actionnez le robot et laissez tourner pendant 2 à 3 min de manière à obtenir une pâte parfaitement homogène.

■ Versez le rougail dans un bol ou dans un petit saladier et laissez refroidir pendant 2 h avant de servir.

CONSEILS

Il est important de bien laisser refroidir cette sauce avant de la servir car elle change de goût et sera ainsi bien meilleure. Au moment de servir, vous pouvez ajouter un peu de coriandre hachée.

ACCOMPAGNEMENT

Des crevettes grillées, des fruits de mer ou d'autres crustacés.

POUR 6 PERSONNES
PRÉPARATION : 15 MIN
CUISSON : 10 MIN
DIFFICULTÉ : FACILE
COÛT : UN PEU CHER

Dip saté

- *1 échalote rouge*
- *3 cuil. à soupe de cacahuètes*
- *1 botte de coriandre*
- *½ cuil. à café de graines de cumin*
- *1 cuil. à café de graines de coriandre*
- *1 cuil. à soupe de sauce soja*
- *3 cuil. à soupe de nuoc-mâm*
- *10 cl de lait de coco*
- *3 cuil. à soupe d'huile*
- *Sel, poivre*

Matériel

- *Robot mixeur*

■ Épluchez l'échalote. Effeuillez la coriandre. Dans une poêle sans matière grasse, faites revenir les cacahuètes pendant 5 min. Retirez-les ensuite de la poêle et versez dans cette dernière les graines de cumin et de coriandre. Faites chauffer sans matière grasse pendant 2 à 3 min jusqu'à ce qu'une forte odeur s'en dégage. Retirez-les alors de la poêle.

■ Dans le bol du mixeur, versez l'échalote, les cacahuètes, les graines de coriandre, de cumin, la sauce soja, l'huile, le nuoc-mâm, le lait de coco et un peu de poivre. Actionnez le robot et laissez-le tourner pendant 2 à 3 min de façon à obtenir une pâte homogène et assez épaisse. Vérifiez l'assaisonnement en sel et en poivre et gardez au frais avant de servir parsemé de coriandre.

CONSEILS

Si vous trouvez que la sauce est trop épaisse, n'hésitez pas ajouter un peu de lait de coco. Par ailleurs, vous pouvez aussi ajouter dans cette sauce du piment frais haché et du jus de citron vert.

ACCOMPAGNEMENT

Des bâtonnets de poulet grillé.

POUR 6 PERSONNES
PRÉPARATION : 20 MIN
DIFFICULTÉ : FACILE
COÛT : RAISONNABLE

Sauces à la japonaise

Pour la vinaigrette
- *2 cuil. à soupe de vinaigre de riz*
- *1 cuil. à soupe de graines de sésame*
- *6 cuil. à soupe d'huile végétale*
- *Sel, poivre*

Pour la sauce au daïkon
- *4 cuil. à soupe de mirin (saké pour la cuisine)*
- *4 cuil. à soupe de sauce soja*
- *¼ de botte de ciboulette*
- *5 cm de daïkon*
- *Poivre*

■ Commencez par réaliser la vinaigrette. Faites dorer les graines de sésame dans une poêle sans matière grasse. Lorsqu'elles commencent à colorer, retirez-les du feu et de la poêle. Dans un bol, mélangez le vinaigre et l'huile. Salez, poivrez et ajoutez le sésame avant de servir.

■ Pour réaliser la sauce au daïkon, commencez par hacher la ciboulette. Épluchez ensuite le morceau de daïkon et râpez-le finement. Mélangez les ingrédients avec le mirin et la sauce soja. Poivrez et servez froid. Ne salez pas cette sauce car la sauce soja l'est déjà suffisamment.

CONSEILS

Le daïkon est une sorte de radis blanc. On trouve dans les épiceries asiatiques une poudre d'épices faite à base de piment et de sésame noir qui sert normalement à assaisonner le riz. Si vous en trouvez, n'hésitez pas en ajouter un peu à ces sauces. Vous pouvez remplacer le daïkon par du radis noir ou blanc.

ACCOMPAGNEMENT

Des bâtonnets de poisson cru.

POUR 6 PERSONNES
PRÉPARATION : 15 MIN
DIFFICULTÉ : FACILE
COÛT : RAISONNABLE

Raïta à la menthe

- *2 concombres*
- *2 yaourts veloutés*
- *1 botte de coriandre*
- *2 bottes de menthe*
- *1 petit piment vert*
- *1 échalote*
- *1 cm de gingembre frais*
- *1 citron vert*
- *1 pincée de sucre*
- *Sel, poivre*

Matériel

- *Robot mixeur*

■ Coupez le piment en deux dans le sens de la longueur et retirez les graines et les membranes blanches. Épluchez l'échalote et le gingembre. À l'aide d'un mortier ou d'un robot, réduisez l'échalote, le piment et le gingembre en purée fine.

■ Pressez le citron et effeuillez les herbes. Hachez-les finement. Dans un bol, mélangez les yaourts, la pâte de gingembre obtenue, le jus de citron, du sel, le sucre et un peu de poivre.

■ Épluchez les concombres. Coupez-les en quatre dans le sens de la longueur et retirez la partie centrale. Coupez-les en très petits morceaux, puis ajoutez-les à la sauce.

CONSEIL

Si vous n'appréciez pas les plats trop relevés, retirez le piment et le gingembre.

ACCOMPAGNEMENT

Des gressins entourés de charcuterie comme des sucettes.

POUR 4 PERSONNES
PRÉPARATION : 10 MIN
CUISSON : 3 H
TREMPAGE : 1 NUIT
DIFFICULTÉ : FACILE
COÛT : RAISONNABLE

Houmous

- *200 g de pois chiches*
- *2 gousses d'ail*
- *2 citrons jaunes*
- *4 cuil. à soupe de tehine*
- *2 cuil. à soupe d'huile d'olive*
- *Sel et poivre*

Matériel

- *Robot mixeur*

La veille, faites tremper les pois chiches 1 nuit dans un grand volume d'eau froide.

Le jour même, rincez les pois chiches sous l'eau et mettez-les à cuire dans un grand volume d'eau froide. Lorsque l'eau bout, comptez 3 h de cuisson. Ils doivent être fondants et moelleux. Laissez tiédir et gardez un peu d'eau de cuisson.

Épluchez l'ail, pressez les citrons et réunissez tous les ingrédients dans un robot. Activez et laissez tourner pendant 10 min. Si l'houmous est trop épais, ajoutez un peu d'eau de cuisson. Gardez au frais avant de servir.

CONSEILS

Le tehine est une crème de sésame que vous trouverez facilement dans les épiceries orientales. Vous pouvez ajouter à cette recette un peu de persil haché. Pour une présentation idéale, faites un trou au milieu, versez un peu d'huile d'olive, saupoudrez de paprika et de pignons de pin grillés.

ACCOMPAGNEMENT

Des pains pita, des foccacias, des fougasses… ou tout simplement de la baguette.

POUR 6 PERSONNES
PRÉPARATION : 15 MIN
DIFFICULTÉ : FACILE
COÛT : RAISONNABLE

Tzatziki

- *2 concombres*
- *3 yaourts à la grecque*
- *½ citron pressé*
- *4 cuil. à soupe d'huile d'olive*
- *½ botte d'aneth haché*
- *½ botte de menthe hachée*
- *Sel, poivre*

■ Épluchez les concombres. Coupez-les en quatre dans le sens de la longueur et retirez la partie centrale. Coupez-les en très petits morceaux et mélangez-les avec le reste des ingrédients.

■ Conservez ensuite au frais.

CONSEIL

Si vous avez le temps, mettez les concombres dans un tamis avec du sel fin pendant 1 h. Ils vont perdre un peu d'eau et devenir plus croquants.

ACCOMPAGNEMENT

Des pains pita, des foccacias, des fougasses… ou tout simplement de la baguette.

POUR 6 PERSONNES
PRÉPARATION : 10 MIN
DESSALAGE : 40 MIN
DIFFICULTÉ : FACILE
COÛT : RAISONNABLE

Anchoïade

- *100 g d'anchois salés*
- *2 gousses d'ail*
- *1 cuil. à soupe de vinaigre de xeres*
- *6 cuil. à soupe d'huile d'olive*
- *Poivre*

Matériel

- *Pilon*

Égouttez les anchois, puis faites-les tremper dans un grand volume d'eau froide. Au bout de 20 min, changez l'eau et recommencez durant 20 min.

Épluchez et hachez finement les gousses d'ail. Égouttez les anchois et épongez-les à l'aide de papier absorbant.

Dans une casserole à feu doux, disposez les anchois, les gousses d'ail hachées, du poivre et écrasez le tout à l'aide d'un pilon.

Ajoutez le vinaigre, puis versez l'huile d'olive en un mince filet comme pour une mayonnaise tout en continuant d'écraser la préparation avec le pilon. Vous devez obtenir une pâte bien homogène.

ACCOMPAGNEMENT

Des pains pita, des foccacias, des fougasses… ou tout simplement de la baguette.

POUR 6 PERSONNES
PRÉPARATION : 15 MIN
CUISSON : 10 MIN
DIFFICULTÉ : FACILE
COÛT : UN PEU CHER

Dips façon topping

- *25 g de beurre*
- *50 g de noix de coco râpée*
- *50 g de chocolat noir*
- *100 g de noisettes*
- *100 g de noix de pécan ou de macadamia*
- *150 g de sucre*

■ Dans une poêle, faites fondre la moitié du beurre avec la moitié du sucre. Laissez légèrement caraméliser.

■ Ajoutez les noix sans cesser de remuer pour bien les enrober de caramel. Réservez-les dans un plat froid. Lorsqu'elles sont à température ambiante, concassez-les grossièrement. Répétez l'opération pour les noisettes en utilisant le reste du beurre et du sucre.

■ Servez dans des bols séparés les noisettes et les noix caramélisées. Dans un autre bol, râpez le chocolat puis, dans un quatrième, disposez la noix de coco.

ACCOMPAGNEMENT

Des bâtonnets de fruits (poires, pommes, fraises, cerises, mirabelles, bananes, ananas, brochettes de fruits rouges, etc.).

POUR 6 PERSONNES
PRÉPARATION : 15 MIN
CUISSON : 20 MIN
DIFFICULTÉ : FACILE
COÛT : RAISONNABLE

Dip de potimarron et petit-suisse

- *1 petit potimarron de 800 g*
- *2 petits-suisses*
- *1 gousse de vanille*
- *80 g de cassonade*
- *10 cl de crème liquide*
- *1 cuil. à soupe de sucre glace*
- *6 cuil. à café de sirop d'érable*
- *Sel*

Matériel

- *Robot mixeur ou moulin à légumes*
- *Batteur électrique*

■ Ôtez l'écorce du potimarron et retirez-en les graines. Coupez la chair en morceaux et mettez-les dans une casserole avec 1 pincée de sel et 1 grand verre d'eau. Portez à ébullition et laissez cuire pendant 10 à 15 min. Vous devez pouvoir écraser le potimarron à la fourchette sans résistance.

■ Égouttez, puis passez le potimarron au mixeur. Coupez la gousse de vanille en deux et retirez-en les graines. Mélangez-les au potimarron et ajoutez la cassonade. La purée doit être un peu liquide. Si elle ne l'est pas suffisamment, ajoutez un peu d'eau ou de lait.

■ À l'aide du batteur, montez la crème liquide en chantilly bien ferme avec le sucre glace. Ajoutez les petits-suisses et continuez de battre pour obtenir un mélange lisse et homogène.

■ Répartissez la purée chaude ou froide dans des tasses. Versez la chantilly par-dessus et faites tomber des gouttes de sirop d'érable dans la crème.

ACCOMPAGNEMENT

Des bâtonnets de gaufres, de crêpes, de blinis ou de pancakes...

POUR 6 PERSONNES
PRÉPARATION : 10 MIN
ÉGOUTTAGE : 3 H
RÉFRIGÉRATION : 1 H
DIFFICULTÉ : FACILE
COÛT : RAISONNABLE

Fromage blanc à la vanille

- *1 faisselle de 500 g*
- *15 cl de crème liquide*
- *1 gousse de vanille*
- *1 cuil. à café de sucre glace*

Matériel

- *Batteur électrique*

■ Sortez le fromage blanc du pot et laissez-le s'égoutter pendant 3 h.

■ Coupez la gousse de vanille en deux dans le sens de la longueur. À l'aide d'un couteau, retirez les graines qui sont à l'intérieur. Mélangez-les avec le sucre glace.

■ À l'aide d'un batteur, montez la crème liquide en chantilly avec le sucre. Mélangez-la ensuite avec le fromage blanc égoutté. Laissez reposer au frais pendant 1 h avant de servir.

ACCOMPAGNEMENT

Des bâtonnets de quatre-quarts, de moelleux ou des biscuits...

POUR 6 PERSONNES
PRÉPARATION : 10 MIN
RÉFRIGÉRATION : 1 H
DIFFICULTÉ : FACILE
COÛT : RAISONNABLE

Dip de mousse de mangue

- 1 mangue bien mûre
- 1 cuil. à soupe de sucre
- 10 cl de crème liquide entière

Matériel
- Robot mixeur
- Batteur électrique

■ À l'aide d'un couteau économe, épluchez la mangue. Retirez le maximum de chair qui se trouve autour du noyau avant de la mixer.

■ À l'aide d'un batteur, montez la crème fraîche en chantilly avec le sucre. Mélangez-la à la purée de mangue, puis laissez reposer au réfrigérateur pendant 1 h minimum. Servez bien froid.

ACCOMPAGNEMENT

Des bâtonnets de gaufres, de crêpes, de blinis, ou de pancakes.

Table des recettes

Petites bouchées 4

Petites brochettes 82

bon app'

Vous vous êtes régalé ?

Découvrez vite le reste de la collection !

+ de 100 recettes

90 photos

des conseils et des variantes

bon app'
à tous !

4,95 €
Seulement

Crédits photographiques :
© Éric Fénot : pp. 2, 133, 135, 137, 139, 141, 143, 147, 149, 151, 155, 157, 159, 161, 163, 167, 169, 171, 173, 175, 177, 179, 183
© Rina Nurra : pp. 75, 77, 81, 83, 85, 87, 89, 93, 95, 97, 99, 101, 103, 105, 109, 111, 113, 115, 117, 119, 121, 125, 127, 129, 131
© Pierre-Louis Viel : pp. 5, 7, 9, 13, 15, 17, 19, 21, 23, 25, 27, 29, 33, 35, 37, 39, 41, 43, 45, 47, 49, 53, 55, 59, 61, 63, 65, 67, 71, 73, 186

Cet ouvrage reprend les titres *Apéros*, *Dips et petites sauces* et *Petites brochettes*, parus dans la collection Collection chez Hachette Pratique.

Pour l'éditeur, le principe est d'utiliser des papiers composés de fibres naturelles, renouvelables, recyclables et fabriquées à partir de bois issus de forêts qui adoptent un système d'aménagement durable. En outre, l'éditeur attend de ses fournisseurs de papier qu'ils s'inscrivent dans une démarche de certification environnementale reconnue.

Direction : Jean-François Moruzzi
Direction éditoriale : Pierre-Jean Furet
Responsable éditoriale : Anne Vallet
Collaboration rédactionnelle : Valéry Drouet, Chae Rin Vincent, Thomas Feller
Correction : Sandra Rodrigues
Conception de la maquette intérieure et de la couverture : Marie Carette
Réalisation : Les PAOistes
Fabrication : Amélie Latsch
Responsable partenariats : Sophie Morier au 01 43 92 36 82

Dépôt légal : janvier 2011
23-05-0269-01-3
ISBN : 978-2-01-230269-3

Imprimé en Italie par Stige